音読指導

英語コミュニケーションの基礎を作る

土屋澄男 — 著

研究社

はしがき

　数年前の『語研だより』(財団法人・語学教育研究所発行)に「音読のすすめ」という短い文章を書いたことがある。その趣旨は、高校において「オーラル・リーディング・メソッド」なるものを提唱しようというものであった。そのような提案をする気になったのは、大学に入学してくる学生たちの多くが音読を不得意としているところから、中学・高校の音読指導がきちんとなされていないと感じていたからである。また、中学校ではオーラルの授業が主流をなすようになったのに、高校は依然として文法と訳読が主流を占めている授業が多いということへの苛立ちのようなものもあった。高校においてもっと音声を大事にする指導をするにはどうしたらよいかを考えると、音読がもっとも手っ取り早く、しかも効果的だと確信していたからである。この提案に関しては幾人かの方々から賛成の意見をいただき、意を強くしたことを覚えている。

　その後、語学教育研究所主催の講習会などで幾度か音読指導について話をし、実践者たちと意見を交換する機会があった。また著者自身も『あなたも英語をマスターできる』(茅ヶ崎出版、1998年)を書き、主として成人の英語学習者を対象として、音読による英語学習の有効性とその進め方を説いた。そうこうしているうちに、音読による英語学習に関する書物、CD、雑誌記事、通信講座や、それらに関する宣伝広告が続々と現れるようになり、一種の音読ブームとなった感さえある。しかし英語の先生方のための音読指導法については、まだまとまったものが出ていないようである。幸いなことに、3年ほど前、著者の考え方を見事に実践なさっておられる方を知り、その方の授業を紹介する形で一冊の指導書を編み出すことを考えた。それが本書の構想されたそもそもの経緯である。

　本書の提案する音読指導の実践者は久保野雅史氏(筑波大学附属駒場中・高等学校)である。久保野氏の実践例は第6章に詳しく紹介されているように、

これまで行われていた通常の音読指導とはかなり趣を異にする。従来の音読指導の最大の問題点は、その目的が必ずしも明確ではなかったことにある。教師は、あたかも、テキストをすらすらと音読できるようにすることがその授業の最終目標であるかのように、生徒にひたすら音読を要求していた。あるいは、音読することが一種の儀式であるかのように、授業の最後で機械的に行っていた。それでは生徒も音読に身が入るはずがない。英語の授業における音読は決してそれ自体が目的ではない。流暢に読めるようになっただけでは、たいして役に立つ技能とは言えないからである。音読を土台にして、それをレシテーションやスピーチやディスカションに発展させてこそ、それは意味を持つのであり、生徒もやる気を起こすのである。言うのは簡単であるが、実行するのはなかなかむずかしい。しかしこの本を忍耐強くお読みになる先生方は、それと同じ忍耐をもってクラスに臨まれるならば、間違いなく成功なさるものと確信している。

　なお、第2章から第4章は英語の音韻・語彙・統語に関する知識を整理するためのものであるが、それらの章も音読を中心に置いて編集した音韻論・語彙論・統語論なので、類書のものとはかなり違ったものになっている。そこには「チャンクの文法」のように、著者の試論も含まれている。試論ではあるが、長年にわたる著者の音読指導の経験から、実践に役立つと確信しているものである。そこに述べた事柄については、特に実践的な見地から、読者の皆さんのご批判をいただけると幸いである。

　そういうわけで、本書の実践的な裏づけの多くを久保野雅史氏によっている。本書の執筆に当たって貴重な資料を提供してくださり、ご協力をいただいた。ここに記して感謝を申し上げるしだいである。また、長期間にわたって忍耐強く編集の仕事に携わってくださった研究社の杉本義則氏にも厚く御礼を申し上げたい。

2004年3月

著　者

目　次

はしがき iii

第1章　音読を中心とした英語授業

1. はじめに 1
2. 基礎的言語能力の育成 2
3. 基礎的言語能力と音読 3
4. 音読を中心とした授業の展開 6
5. 発表活動を前提とした音読 8
6. まとめ——音読の効用 11

第2章　音読と音声指導

1. はじめに——音読の基本 13
2. 音読におけるチャンキング 14
3. 音読における強勢とリズム 18
4. 音読におけるイントネーション 26
5. 音読における音変化 32
6. まとめ 36

第3章　音読と語彙指導

1. はじめに——語彙学習のむずかしさ 38
2. 語彙学習の動機づけと学習者の言語経験 40
3. 音読と発表語彙の蓄積 42
4. チャンクと定型表現、連語、慣用句 43
5. 語彙的連語 47
6. まとめ 51

第4章　音読と文法指導

1. はじめに——どんな文法か？ 54
2. 文法——潜在的知識と顕在的知識 56
3. チャンクの文法 59
4. 文法的連語と定型表現 65
5. 動詞パタンと連語、定型表現 68
6. ま と め 72

第5章　音読からスピーチへ

1. はじめに 77
2. 音読の目標と動機づけ 78
3. テキストの理解 81
4. 授業における音読指導——正確さと流暢さを目指す 88
5. 発表活動の準備 94
6. 発表活動——レシテーション、スピーチなど 99
7. ま と め 104

第6章　中学・高校における実践例

1. はじめに 106
2. 英語指導の基本的な考え方 107
3. 長期目標、中期目標、短期目標 109
4. 授業計画（オーソドックスな授業） 115
5. 授業の展開 125
6. ま と め 133

第7章　コミュニケーション能力と音読

1. はじめに 136
2. コミュニケーション能力とは何か 137
3. 従来の指導法とコミュニケーション能力 138

4. コミュニカティブ・ランゲージ・ティーチング（CLT）と
   コミュニケーション能力 142
5. CLT と日本人教師 143
6. 英語学習環境──ESL と EFL 146
7. コミュニケーションの基礎的言語能力 147
8. コミュニケーション能力は教育可能か 150
9. 言語学習における反復練習の役割 152
10. まとめ 155

第1章 音読を中心とした英語授業

1. はじめに

　近年、「声を出して読む日本語」というようなタイトルのついた本が目につくようになった。忘れられている日本語の良さや美しさを思い出し、味わって楽しもうということのようである。それはそれで結構なことである。我々は時には美しい日本語を聴いたり、読んだり、音読(または朗読)したりする必要がある。そうしないと、美しい日本語が失われてしまうのではないかと思う。自分が日常使っていることばが美しいかどうかを普段は意識しないが、気がついてみたら、いつの間にか汚い日本語に取り囲まれていたというのが、現在の「声を出して読む日本語」ブームを生み出したのではないだろうか。

　中学生や高校生が英語学習で行う音読は明らかにこれとは違う。それは外国語である英語という言語を獲得する手段として行うものである。したがって、その実行は意識的な努力を必要とする。日本語の場合と違って、彼らは英語を読みながらその美しさを味わって楽しむということからは程遠い。その境地にまで達することができたなら、英語はすでにその人の第二の言語になっていると言ってよい。中学生や高校生はその途上にある。英語を読むことを楽しむことができる前に、大いに苦しまなければならない。この意識的な苦しい努力を要するということが、音読を実行する上で

大きな障害になっているのである。

そこでまず、そのような苦労をさせてまで生徒たちに音読するように勧める理由は何か、そして音読は本当にそれだけの苦労をさせるだけの価値があるのかを、我々はよく考えてみる必要があると思われる。

2. 基礎的言語能力の育成

ある言語を知っているということは、その言語の音韻・統語・語彙の体系を、必要な時にいつでも使用可能な形で脳の中に蓄えているということである。さらに、言語を使ってコミュニケーションを行う場合には、その言語によるコミュニケーションのルールを身につけていなくてはならない。したがって新しいことばの使用を学ぶということは、第1に、その言語の音韻・統語・語彙の体系を必要なときにいつでも使用できるように脳の中に蓄えることであり、第2に、その言語のコミュニケーションルールを身につけることである。日本人が英語を学ぶ場合には、2つの言語の音韻・統語・語彙の体系は著しく異なっており、普遍文法の存在が確認されているにもかかわらず、ほとんどゼロからスタートしなくてはならない感じである。それに比べると、コミュニケーションルールのほうは、日本語と英語とで異なる点は多々あるが、共通点も多いと感じる。こちらのほうは二言語間のルールの違いを注意深く研究することによって、比較的容易に克服できるようにも思われる（実際には、似て非なるものの習得が非常にむずかしく、コミュニケーションルールの違いはしばしば相互の誤解をまねく）。

日本人の中学生や高校生たちは、日本語の音韻・統語・語彙の体系および日本語によるコミュニケーションの基本的ルールを、すでにほぼ完全に身につけている。英語という新しい言語を学ぶ場合には、彼らは日本語とは異なる英語の音韻・統語・語彙の体系を新しく学びなおさなければならない。これは、彼らが赤ん坊のときに日本語の獲得に費やしたとほぼ同じくらいの時間とエネルギーを費やす覚悟を必要とする（実際には、中学生・高校生は言語に関わるさまざまな知識を利用できるので、赤ん坊よりはる

かに有利な立場にいる。それでも落伍者が多く出るところから、やはり非常に困難な学習であることには違いない)。さらに、英語の音韻・統語・語彙の知識を増やすと同時に、日本語とは異なる英語のコミュニケーションルールをも学ばなければならない。このようにしてしだいに「コミュニケーション能力」なるものを発達させていくことになる。

「コミュニケーション能力」の理論的な問題については本書の第7章で議論することにして、ここでは、コミュニケーション能力の中心をなすと考えられる言語能力、すなわち言語の音韻・統語・語彙の体系をいかにして我々の生徒たちの脳に刻みつけるかについて考えてみたい。この言語能力を、我々は以下に「基礎的言語能力」と呼ぶ。すると我々の当面の課題は、いかにして効果的に基礎的言語能力を育成するかということになる。

3. 基礎的言語能力と音読

英語の音韻・統語・語彙の体系を生徒たちの脳に刻みつけるにはどうしたらよいか。これが古くから英語教師に課せられた課題である。ある人々は、これを既成の知識の伝達によって解決しようとした。つまり、音韻と統語については、文法学者たちが体系化した文法をわかりやすく生徒に説明し、ルールを暗記させるのである。語彙については、もっぱら辞書を暗記させる。こうして暗記したルールと語彙目録を武器にして、生徒は与えられたテキストと暗号解読もどきの格闘をするわけである。このやり方(「伝統的文法訳読法」と呼ばれる)はもうすでに過去のものとなったと思われるが、それでも今もなおあちこちで生き延びていることを耳にする。言うまでもなく、生徒はこの方法で基礎的言語能力を身につけることは不可能である。なぜなら、言語能力は単なる知識の蓄積によって獲得されるものではないからである。

これの反動として、外国語も赤ん坊が母語を獲得するように学ぶのがよいという考え方が出てきた。この考えから、文法のようなものはいっさい与えず、できるだけ自然な環境で、できればネイティブ・スピーカーから口移しに学ばせるという教授法(一般に「ナチュラル・メソッド」と呼ばれ

る)が発達する。このやり方は小学生ではある程度うまくいっても、中学生や高校生にはまったく通用しないことがやがて明らかになる。

　現在広く行われているのは、上に述べた両極端の中間にあるさまざまな指導法である。よく知られた指導法として、オーラル・メソッド、オーラル・アプローチ、コミュニカティブ・アプローチなどがある。もちろんそれらはそれぞれに固有の特性を有している。しかしそれらすべてに共通している原理がある。それは、実際的な言語使用を通して、その根底にある基本的言語能力を身につけさせようとすることにある。

　問題は、基本的言語能力を生徒に身につけさせることができるほど、豊富な言語使用の場面と機会を生徒に提供することがむずかしいことである。言語使用の場面については、最近の授業研究でかなり改善されてきている。ペアワークやグループワークを工夫することによって、生徒たちの言語使用場面を拡大することができるようになった。しかしそれらの活動によって、しっかりとした基本的言語能力を彼らの脳の中に造り出すことができるほど、学校では豊富なプラクティス(言語使用練習)のチャンスを提供することができないのである。つまり、クラスサイズと授業時間数の関係で、ひとりあたりのプラクティスの時間が絶対的に足りないのである。そこで学校で学んだ英語は、きわめて中途半端な状態で脳の中に漂っているので、学校を卒業してしばらくたつと、ほとんど痕跡をとどめないまでに消滅してしまうのである。

　この状態を改善するのにもっとも適していると考えられる方法が音読である。音読は、第1に、英語の音韻と文構造についてのあらゆる知識を動員する。音読は、通常、意味のわかった文について行う。正しく音読するためには、まず適当な箇所で区切る必要が起こる。長いセンテンスは途中で区切って読まなければならない。区切る箇所はセンテンスの構造についての知識を必要とする。意味的にまとまっている語句のかたまり(以下「チャンク」と呼ぶ)をやたらに区切るわけにはいかない。また、それぞれのチャンクには強く発音する音節と弱く発音する音節とがある。そこで英語独特のリズムが生じるわけである。さらにイントネーション(抑揚)にも気をつけなければならない。イントネーションは疑問文や命令文の終わり

だけではなく、それぞれのチャンクに独特のピッチの変化となって現れる。第2章で述べるように、英語のネイティブ・スピーカーが身につけている音韻知識を分析すると、それはきわめて複雑であることがわかる。我々は音声学者を養成するわけではないので、あまり詳細にわたる必要はないが、英語の文章を正しく読むためには、実に複雑な音韻規則を身につける必要があることだけは忘れてはならない。そしてそれらの規則を中学生や高校生に単に口で説明するのではなく、実際にさまざまな例に出会うことによってそれらの規則に気づくようにし、気づいたものを知識のかたまりとして蓄えていくようにすることが重要である。音読が英語の音韻と文構造についてのあらゆる知識を動員するということは、音読をすることによって、新たに気づいた音韻規則を知識化していくことをも意味するのである。

　音読は、第2に、チャンクをなす語句の意味と内部構造についての多くの知識を動員する。この本では「チャンク」という用語を多用するが、音読するときにはチャンクごとに意味を取り、もっとも強く発音する箇所（「音調核」と呼ぶ）を決定し、適当な抑揚をつけるという作業を同時的に処理しながら進んでいく。多くの場合、チャンクは名詞句、動詞句、前置詞句、形容詞句、副詞句などの文法的機能と形式を備えており、それらの意味を正確に取るためには、それぞれのフレーズがセンテンスの中でどんなはたらきをなし、その内部構造がどのようになっているかについての理解が必要である。そうでないと意味の理解が不正確となり、その構造をあとで正しく再構成することが困難となる。そしてそれらをベースにして、新しいセンテンスを組み立てていくというような、より高度な創造的活動ができなくなる。音読は、チャンクをなすそれぞれの語句の機能や内部構造についての知識を確実にし、反復練習することによって、それらが必要なときにいつでも自動的に口をついて出てくるような状態で脳の中に蓄積するのを助ける。

　さらに、英語は（英語にかぎらずすべての言語がそうであるが）ほとんど無数といってよいほど多数のセットフレーズを持っており、そのことが英語学習者を大いに悩ませる。たとえば動詞句に限ってみても、次のように、

いくらでも取り出すことができる。

> I *came across an old friend* at Shinjuku Station this morning.
> The gray clouds gradually *broke up* and *gave way to a blue sky*.
> Goodbye for now, but *keep in touch with us*.
> Sally had never *set foot in a place* as grand as this before.

これらのあるものは語の意味から類推できるものもあるが、まったく見当のつかないものも多数存在する。このようなものをどのようにして記憶し、使用可能なレパトリーの中に入れるか。その解決法は、外国語の場合には、音読による反復練習によるしかないよう思われる。それらをリストにして記憶することは、場合によっては(特にリーディングには)役立つことが実験的に知られているが、スピーキングに役立つことはほとんどない。音読によってそれらのフレーズが必要なときに自動的に口をついて出てくるようにしておくことが、今のところ、最善の学習方法であると思われる。

4. 音読を中心とした授業の展開

わが国の英語教育では、音読は古くから授業の重要な活動と考えられてきた。現在でも、研究授業や公開授業で音読活動をまったく行わない授業はほとんどない。これは音読が重要な活動と見なされている証拠である。それなのに、いまさらなぜ音読指導なのか、と思われる方がおられるかもしれない。しかし、実際のところ、大学に入学してくる大部分の学生が音読を苦手としている。英文科に入ってくる学生ですら、与えられたテキストを自力で正しく音読できる者はほんのわずかしかいない。大部分の学生は、モデルが与えられればなんとか読むが、自力では英語らしく読めないのである。だいたい、自分の発音自体に自信がない。これは、長年大学生を教えてきた筆者の経験からはっきり言えることである。英語教育の専門家として、この状況をなんとか変えなければならないと考えるのは当然であろう。

数年の英語学習のあとに、意味が理解できている英文を独力で正しく音

読できないというのは大きな問題である。中学・高校における音読指導が間違っているとしか思えないのである。たぶん中学・高校だけでなく、日本じゅうの英語授業における音読指導が間違っている可能性が高い。どこが間違っているのか。一つ考えられるのは音読指導の方法である。これまで、どういうわけか、音読は模倣によって学ぶ技能であると考えられてきた。おそらくこれは行動主義学習理論の影響であろう。モデルの音を注意深く聴いてそれを模倣する。そしてうまく模倣できたら、その音を反復し強化するというわけである。そういうわけで、授業における音読練習はもっぱら先生やテープのモデルを模倣することに終始する。モデルについてなんとか読めるようになったら、そこで授業は終了なのである。これでは生徒は英語の音韻体系を自分のものとすることができない。したがって、いつまでたっても自力で読めるようにはならないのである。

　内容を理解したテキストを生徒が自力で読めるようになるためにはどうしたらよいか。第1に、生徒が英語の音韻体系を自分のものとするように授業で援助することである。そのために、ただモデルのまねをさせるだけでなく、生徒に自分の頭で考えさせることが重要である。どこで区切り、どこに強勢をおき、どんな抑揚をつけて読むかを考えさせるのである。音読指導においても、時には試行錯誤をさせてみることが必要である。第2に、生徒各自が自分自身のスピーキング・スタイルを確立するように指導することが重要である。英語の音声特徴は、ただ他人の模倣をするだけでは自分のものにはならない。書かれたテキストを読む音読も、それを聞く人に理解してもらうように読まなければ価値がないわけだから、スピーチと同じである。音読はリーディングの活動というより、スピーキングの活動なのである。音読をスピーキング活動と位置づけるならば、それは音声によるコミュニケーション活動の一種である。このように考えると、授業における音読活動の位置づけは従来のものと大きく変化することになる。

　そこで音読を授業の終わりに行うのではなく、授業の中心に位置づけるというアイディアが生まれる。これは真剣に検討される価値のあるアイディアである。

　従来の授業はおよそ次のような順序で行われた。

> 新教材の導入 → テキストの内容理解 → 音読

これに対して、音読を中心にした授業では次のようになる。

> 新教材の導入 → テキストの内容理解 → 音読 → スピーキング活動

　両者の違いは明瞭である。後者では音読のあとにスピーキング活動が続いている。このスピーキング活動には、あとで詳しく述べるように、レシテーション（暗唱）、スキット、スピーチ、ディスカッションなどが含まれる。要するに、生徒が音読できるようになったテキストを、さまざまな形の口頭発表にまで発展させるのである。その活動を行おうとすると、必然的に、新教材の導入とテキストの内容理解の時間を短縮する必要が生じる。そのための工夫が必要となる。しかし、音読をレシテーションやスピーチに発展させることによって、音読は従来のものと大きく様変わりする。

5. 発表活動を前提とした音読

　従来の音読で終わる授業の欠陥は、音読があたかも授業の最終目標であるかのようにそこで終わってしまい、他の活動に発展しないことである。これでは、モデルについてなんとか言えるようになればよい、ということになるのは当然である。生徒は音読に身を入れようとはしないし、教師のほうも、授業のルーティーンとして一応は時間を取るが、全員がうまく読めるようになることは期待しない。あとは家でよく読んでおきなさい、と言うだけである。こうして音読はリーディングの仕上げの儀式みたいなものになる。

　音読をスピーキング活動のスタートとして位置づけた瞬間に、それは別の意味を持つことになる。たとえばレシテーションの発表をするとしよう。レシテーションというと、従来はテキストを暗記してそのままの形で言う活動を意味した。しかしちょっとやってみるとわかるが、これは容易なことではない。自分の書いた1ページの文章であっても、書いた通りにそらで言ってみろと言われたら、かなりの時間をかけて練習しなければならな

いだろう。我々の脳は、一言一句テキストと同じ文章を再生するようなタスクには適していない。それはコンピュータが得意とするタスクである。最近の心理言語学の知見によれば、われわれが言葉を話すときには、言おうとする内容に意識を集中し、その内容を表現するのに必要なキーワードを記憶貯蔵庫から引き出し、その語を中心にセンテンスを組み立てていくというプロセスをとる。このプロセスをレシテーションの活動に応用してみよう。すると、正しく音読できるようになったテキストは、キーワードを頼りに再生するようにするならば、そのタスクは丸暗記して言うよりもはるかに容易になる。その場合の再生は、元のテキストと一言一句同じである必要はない。改めて表現しなおすのである。したがって、それは再生というよりも、「再構成」と呼んだほうがよい。内容をできるだけ正確に伝えることが重要なのであって、使われた言語形式をそのまま再生する必要はまったくないのである。このようにすると、レシテーションは従来の「暗唱」よりもずっと容易なタスクとなるばかりでなく、より自然な話す活動に近いものになる。

　しかし、音読を繰り返していれば自然にレシテーションに結びつくわけではない。文字を目で追いながらテキストを読み上げるのと、そのテキストの内容を聴衆（教室ではクラスメートたち）に向かって話すのとでは、大きく異なる活動である。前者の活動ではもっぱら文字の音声化に意識が集中する。それに対して、後者の活動ではテキストの内容に意識が集中する。その場合に語句や文法や音声などの言語形式をまったく意識しないわけではないが、そこに意識がとどまると話のつながりを見失ってしまい、スピーキングの流暢さが失われる。我々は話すときにはできるだけ話の内容に意識を集中しなければならないのである。そのためにはそこで用いられる言語の形式面はほとんど自動化されていなければならない。したがって、音読をレシテーションに結びつけるには、一定のステップを踏む必要がある。

　どのようなステップを設定するかについては本書の第5章と第6章で詳しく述べるが、以下は久保野雅史氏（筑波大学附属駒場中・高等学校）が実践されているものである。（「音読で話す力をつける」『英語教育』2003年1月号、大修館書店）

Step 1 音読練習：テキストを黙読し、内容説明を聞いたのちに行う。Chorus → Buzz → Individual の順序で練習する。教師のモデルを与えるのが基本である。ただし、学年が上がってくれば、既習事項で書かれたやさしいテキストを与えて自力で読み取らせ、教師のモデルなしの自立した音読をさせることも重要である。

Step 2 Read and look-up：音読から話すことへの第一歩。文または節ごとに黙読し、顔を上げてから行う。一瞬だがテキストから目線を切って英語を口に出すことになる。その際、次のような形に本文を加工し、左手の親指を行頭に置きながら行うと、再度黙読する際に視線が迷わない。

> A lot of people worked
> for the development of computers.
> Pascal was one of them.
> His father was a taxman
> and was very busy.
> （以下省略）
> （*Sunshine English Course* 3）

Step 3 レシテーション：次のようなキーワードを板書し、教師のモデルに続けて一斉に言わせることから始める。後は、音読と同様に Buzz → Individual の順で進める。

> people   worked
> development   computers
> Pascal
> father   taxman   busy

Step 4 家庭での練習：板書と同様のプリントを配布し、家庭でレシテーションの復習ができるようにする。次の授業時間冒頭の復習で、家庭での練習の成果を発表する場面を設ける。

音読からレシテーションへのステップをこのように細かく刻むことによって、レシテーションはきわめて容易なタスクとなり、集中して練習すればどんな生徒でも達成が可能になる。それは、機械的な暗記という非人間的なタスクをほとんど必要としないからである。生徒たちは、退屈な反復作業から開放されて、いきいきとレシテーションの活動に取り組むようになる。

6.　まとめ──音読の効用

　これまでに述べたことから、音読の効用を次のようにまとめることができる。

（1）　**音韻システムの獲得：** 英語らしい発音ができるようになるためには、子音・母音の正確さだけではなく、区切り・強勢・イントネーションが重要である。そのためには英語の音韻システムを獲得しなければならない。音読はその訓練の場を提供する。

（2）　**語彙チャンクの蓄積：** 発話の単位は意味的にまとまりのある語彙チャンクである。その多くは名詞句・動詞句・前置詞句・形容詞句・副詞句である。英語が使えるようになるためには、頻度の高いフレーズをチャンクとして数多く記憶することが必須である。単語も1つずつ記憶するよりもチャンク（短文を含む）として記憶するのが得策である。

（3）　**文法規則の自動化：** 正しい音読をするためには英文を正しく区切ることが必要である。そのためには句構造文法の知識が不可欠である。この知識は英語の最も基本的な知識であり、この知識なしには英文を理解することも作り出すこともできない。音読はそのような知識をただ頭で理解するだけでなく、感覚的に瞬時に認識する能力を養うのに役立つ。他のもろもろの文法規則についても反復によって自動化される。

　上記の3項目は、音読がコミュニケーションの「基礎的言語能力」をつ

くることに関連している。これらの音読指導の具体的な方法論を次章以下にくわしく述べる。

　ところで音読は、さらに、この基礎的能力をスピーキングに発展させる可能性をもっている活動である。そこで上の3項目に次の（4）を加えることができる。

（4）　**音読からスピーキングへの発展：**音読はそれ自体が目的ではなく、基礎的言語能力を養う手段であるが、少し工夫すればこれをスピーキング活動に発展させることが可能である。音読できるようになったテキストについての問答は、コントロールされた形のスピーキング活動である。レシテーションも一種のスピーキング活動である。自分で原稿を書いてそれを話せばスピーチとなる。正しい音読ができない者にスピーチができるはずがない。ましてコミュニケーション能力を身につけているはずがない。

　これらのほかにも音読のメリットはいろいろと挙げることができる。最も大きなメリットの一つは、音読練習が学習者ひとりで好きな時に好きなだけ実行できることである。しかしそれが可能となるためには、学習者が自力で音読練習ができる能力を獲得することが重要である。それができるように指導するのが英語教師の大きな役目である。

第2章 音読と音声指導

1. はじめに──音読の基本

　音読の活動はどの段階から始まるであろうか。従来の中学校の英語指導では、初歩的な音読練習はかなり早い段階から始められた。いわゆる入門期が終わって教科書の学習に入ると、すぐに教科書テキストの音読練習が始まるのが普通であった。しかしその場合の音読というのは、意味がわかって口頭で言えるようになった英文を、目で確認しながら声を出して読むというものである。これは英語の音声と文字を結びつけるというだけの、音読の初歩的段階である。すでに公立の小学校でも英語の指導が始まっているが、そこでの指導も、おそらく音声言語を用いて聴いたり話したりする活動が中心であろうから、読むという活動もやはり音読の初歩的段階にとどまるであろう。

　この初歩的段階の音読は、モデルについて読みながら、学習者が自分の読みをできるだけモデルに近づけるというものである。学習者はまだ英語の音韻システムについてのメタ言語的知識がなく、また自分の発音器官を完全にコントロールするだけの技術もないから、模倣はほとんど勘に頼るほかない。個々の音の出し方や強勢や抑揚について、モデルや教師の発音を注意して聴いてまねるしかない。この段階では器用にまねる生徒が言語適性に優れているとされ、不器用な生徒は損をする。しかしモデルが示さ

れないと、器用な者でもたちまち音が崩れてしまう。高校まで6年間英語を学んだ結果、モデルがあれば結構うまく読めるのに、自分ひとりではきちんと読めないという人が多い。それはその人たちが、依然として、この音読の初歩的段階にとどまっているからである。

　音読は、意味を理解できた文章を自力で読めるようになるところまで行かなくてはならない。そのためにはモデルをまねているだけではだめである。英語の音韻システムについての概括的知識と、思い通りに自分の発音器官をコントロールする技術を習得することが必要である。そのような習得は、すでに母語として日本語の音韻システムを完全に獲得してしまっている成人には非常にむずかしい。なぜなら、英語の学習にも日本語の音韻システムを当てはめようとするからである。それらの人々にはフォーマルな指導が不可欠である。そういう指導が、中学校2年から高校2年くらいまでのいわゆる「一般コースの英語」の段階で徹底して行われなければならない。本書の音読指導はその段階を中心に扱うものである。

　かくて音読の基本はまず音声システムの獲得である。では、できるだけ自然な感じの聞きやすい音読ができるようになるためには、どうしたらよいか。ここでは、英語の音読指導において特に重要と思われる次の4つの項目を選び、具体的に考察することにする。なお、母音や子音の個々の音についての概説的説明は他の概説書にゆずり、本書では省略する。

（1）　チャンキング
（2）　強勢とリズム
（3）　イントネーション
（4）　音声変化

2. 音読におけるチャンキング

チャンキングとは
　「チャンク」（chunk）の原義は一塊のパンや肉やチーズであるが、比喩的にさまざまな「かたまり」の意味に用いられる。ここでは言語の話をし

ているので、比較的に小さな「言葉のかたまり」または「語のかたまり」の意味である。したがって、一つのチャンクは一つのフレーズ(句)であったり、クローズ(節)であったり、また時に短いセンテンス(文)であったりする。とにかく、我々が言葉を発するときにひと息に出す語のかたまりのことである。音声学者のいう「音調群」(tone group)とほぼ同じものと考えていただいてよいが、やや専門的で定義がややこしくなるので、本書では簡単な「チャンク」を用いることにする。

　すると「チャンキング」(chunking)とは、「語のかたまりに区切ること」である。つまり音読をするときのセンテンスの区切りのことである。普通には単に「区切り」と呼ばれているが、ただ区切るのではなくて「語のかたまり」のあとで区切るのであり、のちほど第3章と第4章で述べるように、区切られる「語のかたまり」が語彙的にも文法的にも非常に重要なのである。そういうわけで、ここではあえて「チャンク」や「チャンキング」を記述の用語として用いることにする。

　音読でまず大切なのが、このチャンキングである。しかし、それは必ずしも自動的に決められるものではなく、読む人によって変わる。たとえば次の文は通常には(a)のように区切って読むであろうが、(b)のように区切ることが許されないわけではない。幼児に絵本を読んでやるような場合には通常よりゆっくり読むので、区切りも多くなる。

(a)　Once there lived an old man / who had a young horse named Oscar.
(b)　Once / there lived an old man / who had a young horse / named Oscar.

　ということは、チャンキングは聞き手が誰であるかによって違うわけである。また読み手の条件によっても変わりうる。上の文を中学2年生が音読する場合には、長いチャンクを一気に読むことがむずかしいかもしれない。そこで、必然的に(b)ような区切りになるであろう。しかし(b)よりも細かく区切ることは普通はしない。それ以上区切ると不自然な感じになるからである。

ついでながら、文頭の Once は 1 語であるが、意味的に Once upon a time のフレーズと同じく、一つのチャンクと見なす。したがってチャンクとは、より正確には、一つまたはそれ以上の語のかたまりということになる。

音読の単位としてのチャンク
　かくて、チャンクは音読の重要な単位である。それは意味的にまた構造的にあるまとまりをもっていて、それ以上に区切ると、まとまりを欠いたり、言葉の流暢さを失ってしまうひとかたまりの語句である。それは単語のこともあるが、たいていフレーズかクローズ、またはセンテンスである。
　意味的にまとまっているチャンクというのは曖昧であるが、母語話者が発話をするときに、通常一気に発するであろう語のかたまりである。たとえば先の例文を日本語にすると次のようになる。この文は、通常の発話で、これ以上細かく区切ることはないと思われる。

　（c）　むかし / オスカーという名の / 若い馬をもつ / 老人が住んでいた。

　このように、英語の場合でも日本語の場合でも、意味的にまとまりのある発話のチャンクについて、それぞれの母語話者はある共通した知識を所有していると考えられる。意味の上でまとまりのあるチャンクは、通常、構造的にもまとまりがある。
　では、チャンクが構造的にまとまりをもっているというのはどういうことか。くわしくは第 4 章に述べるが、だいたい文の構成素であるフレーズやクローズに該当する語句と考えてよいであろう。それらは、文法で名詞句(節)、動詞句、前置詞句、形容詞句(節)、副詞句(節)などの名で呼ばれているものである。
　たとえば (d) の文はカッコ内の名詞句(主部)と動詞句(述部)で構成されている。

　（d）　[The girl pushed in front of the bus] [escaped with minor injuries].

さらに主部の名詞句は、(e)のように、The girl という名詞句とそれを修飾する形容詞句で構成されており、述部の動詞句は、(f)のように、動詞と前置詞句で構成されている。

（e） [[The girl] [pushed in front of the bus]]
（f） [[escaped] [with minor injuries]]

こういう分析を構成素分析と呼ぶが、構成素はさらに細かく分析することが可能である。しかしこれ以上細かく区切ると意味のまとまりを欠いてしまうので、音読のチャンキングとしてはこれで十分である。音読で言うチャンキングと文法論で言う構成素分析とは目的が違う。したがって、必ずしも同じではないことを理解していただきたい。とにかく、以上の説明から、音読のチャンクとは意味的・構造的にまとまりのある語句のことであると理解していただけたと思う。

チャンキングの指導

このようなチャンキングを教室でどう指導したらよいか。これは音読以前の意味を読み取る指導とも関連する。まず教科書の長いセンテンスをチャンクに分けて理解させる。この場合、チャンクごとにセンテンスの頭から順に理解させることが大切である。チャンクの順序を変えて日本語に訳すようなことは、なるべく避けるべきである。そして、理解したものをチャンキングに注意しながら音読させる。こういう学習法を身につけさせる以外に、よい方法はないのではなかろうか。

このことを教科書の英文を例に見てみよう。なお、ここではセンテンス途中のチャンクの区切りのみをスラッシュ（/）で示すことにする。

（g） I liked English in junior high, / but in senior high / it seems quite difficult. There are so many new words / and most of the sentences / are long and difficult. I think / I must put more time and energy / into studying English. Actually, / I am more interested in speaking / than reading. I hope to be able to speak English well / when I graduate from high school.

(*The New Age English* 1)

　平易な英文であるが、高校1年の最初のレッスンであることを考慮し、チャンキングはできるだけ細かくした。これ以上細かく区切ると不自然になると思われる。

　指導に当たっては、まず頭からチャンクごとに意味を理解させていく。ある一つのチャンクを日本語にすることはあっても、一つのセンテンス全体を日本語にすることはしない。なぜなら、日本語に訳すとチャンクの順序をひっくり返すことになるからである。チャンクの順序を変えて理解することは音読の大きな障害となる。声を出して読む場合には、チャンク順序をひっり返すことは絶対にないからである。音読は、頭から意味を理解しながら読み進むことが要求される活動である。

　音読指導の第一歩は、生徒にチャンキングを意識させることから始まる。新しい事項の学習は、すべて意識をそこに置いて気づくことから始まるのである。チャンキングの意識化には、教科書の長いセンテンスにスラッシュを書き込ませるとよいであろう。時折、どこにスラッシュを入れるかで生徒間で意見の対立があるかもしれない。しかしそれは、むしろ、チャンキングを意識化させるチャンスとして利用すべきである。

3.　音読における強勢とリズム

英語の強勢とリズム

　英語でひと区切りのチャンクやセンテンスを読むとき、すべての音節を等しい強さと長さで読むことはない。いずれかの音節を他の音節よりも強く発音する。これを強勢（stress）と呼ぶ。そして強勢によって生じる強弱の変化が、英語に独特のリズムを生む。

（a）　President Bush / comes from Texas.

いま強勢のある音節を大文字Sで、強勢のない音節を小文字sで表すと、

（a）の文は（b）のような強弱の構造をなしている。

（b）　SssS/SsSs

　一方、日本語はどの音節もほぼ同じ強さで言う傾向がある。（c）の文を日本語で言うとき、どの音節も同じような強さで言うので、（d）のように、強音節Sが並ぶだけの単調なリズムを生じる。なお、(S) は前の母音が伸びて1拍をつくる場合である。

（c）　小泉氏が / 首相に指名された。
（d）　SSSSSS / SS (S) SSS (S) SSS

つまり、日本語ではそれぞれの音節がリズムの拍子の単位となる。そこから俳句や短歌のような独特のリズムをもつ表現形式を生んだのである。これは英語では決してできない芸当である。

（e）　ふるいけや / かわずとびこむ / みずのおと

　他方、英語は強勢のある音節がリズムの拍子を決める。これが次のような詩のリズムを生むわけである。

（f）　I wandered lonely as a cloud（sSsSsSsS）

　以上に見たように、我々が発話を構成する際の基本的単位は音節だというのが、心理言語学者たちのほぼ一致した考えである。そして音節を組み立ててチャンクをつくるのである。
　さらに、その音節構造そのものが日本語と英語では違っている。日本語の音節が母音（V）または 子音と母音（CV）の単純な組み合わせから成るのに対して、英語では母音の前後に子音がつく音節（CVC）が普通であり、（g）の例のように、子音が母音の前後に3つも連続することも珍しくない。これをカタカナ式に発音すると、（h）のように6音節になってしまうのである。

（g）　strings（CCCVCCC）

（h）　ストリングズ（CV＋CV＋CV＋V＋CV＋CV）

　この音節構造の違いが、英語を初めて学ぶ日本人学習者にとって、まず乗り越えなくてはならない障害である。

　そして先ほど述べたように、日本語はすべての音節がリズムの拍子の単位となって1拍を取るのに対して、英語では強勢のある音節がリズムの拍子を決める。そこで日本人が英語を読むとき、英語の強弱拍子のリズムがなかなか取れない。すべての音節が等しい強さと長さで発音されてしまうからである。英語の場合には、強勢のある音節がほぼ等しい間隔に起こることによってリズムが生じるのである。したがって、強勢のある音節間の弱音節の数が違っても、強音節はほぼ等しい間隔になる傾向がある。次の3つの文を読んで、その強勢パタンを比較してみよう。

　　（i）　Thank you for the gift.（S s s s S）
　　（j）　Thank you for the wonderful gift.（S s s s S s s S）
　　（k）　Thank you so much for the wonderful gift.（S s S S s s S s s S）

　このように、強音節間の弱音節の数が変化しても、強音節を等しい間隔になるように読むと、必然的に弱音節をうんと弱く短く、また早く読まなければならない。そして強音節をうんと強く、そしてやや長めに読む。すると英語らしいリズムが生まれる。これが英語の強勢とリズムの特徴である。そして日本人にとって最も習得しにくい音声特徴だと言ってよい。日本人の英語とネイティブ・スピーカーの英語との違いは、多くの場合、ここに原因がある。

第1強勢と第2強勢

　これまで強勢は強強勢と弱強勢の2種類だけを区別してきたが、中学校ではこれだけで間に合わせることもできるであろう。しかし一般に用いられる「第2アクセント」という用語からも示唆されるように、高校段階では強勢を2種類に分けることが必要になる。それらを第1強勢（primary stress）、第2強勢（secondary stress）と呼ぶことにする。

　語のレベルで第2強勢が現れるのはたいてい3音節以上から成る語の場

合である。次の (l) は 3 音節以上で第 2 強勢のある語、(m) は 3 音節以上であるが第 2 強勢の現れない語である。これら 2 種類の語を比べてみよう。

（l） àfternóon, cálculàte, dìsappóinted, hándicàpped, ìnformátion, ìntrodúce, Jàpanése, òpportúnity, pòssibílity, ùnderstánd
（m） assístant, América, condítion, Decémber, depártment, encóurage, expérience, impóssible, musícian, mystérious, tradítional

これらの例から、英語では、3 音節以上の語の多くが「強弱強」か「弱強弱」の強勢パタンに支配されることがわかる。ただし、最初の音節に第 1 強勢がくる名詞や形容詞の多くは、その後に第 2 強勢が現れないことも付け加えておくべきであろう。それらは「強弱弱」の強勢パタンになる。次の (n) がその例である。

（n） áccident, África, béautiful, Cánada, dángerous, dífferent, éxercise, ínfluence, ínteresting, líbrary, pássenger, végetable

次に名詞の合成語を見てみよう。それらは (o) の例のように、2 音節でもうしろに第 2 強勢が置かれる。一般に名詞と名詞の組み合わせは (p) の例のように最初の名詞に第 1 強勢が、後の名詞に第 2 強勢が置かれるのである。

（o） áirplàne, básketbàll, clássròom, híllsìde, hómewòrk, néwspàper, péacemàker, píllowcàse, sóngbìrd, wíndowpàne
（p） bírthday càke, Chrístmas càrd, dáncing gìrl（踊り子）, gírl frìend, góvernment òffice, schóol bùilding, táble mànners

一方、(q) の例のように形容詞と名詞の組み合わせでは名詞に第 1 強勢が置かれ、形容詞には第 2 強勢が置かれる。ただし (r) のような形容詞と名詞の合成語では、(o) の合成語と同様に最初に第 1 強勢が置かれ、後の名詞は第 2 強勢となる。

（q） a blàck bóard, a grèen hóuse, a whìte hóuse
（r） a bláckbòard（黒板）, a gréenhòuse（温室）, the Whíte Hòuse（ホワ

イトハウス)

　ついでながら、単語における第 1 強勢と第 2 強勢の位置は絶対的なものではなく、特に形容詞では、そのあとにくる語の強勢の影響を受けて位置が交替することがある。それは英語の話し言葉が常に強弱または弱強のリズムの支配を受けていることから生ずるものである。よく出る例は次のものである。(s) の Japanese が通常の発音であるが、Japanese の後に名詞がくると強強勢が衝突することになるので、(t) のように第 1 強勢と第 2 強勢が交替するのである。

　（s）　Frank is learning Jàpanése.
　（t）　Frank knows some Jápanèse wórds.

ただし第 1 強勢と第 2 強勢の区別は必要に応じてなされるべきで、強勢とリズムの指導では二次的に扱われてもよいであろう。中学・高校の段階では、まずセンテンスやチャンクの中でどこが強くどこが弱く発音されるかを意識させることが先決である。

機能語の強形と弱形
　一般に文の中で強勢を受けるのは内容語であり、名詞、動詞、形容詞、副詞、指示代名詞、疑問詞、数詞、否定辞がこれに含まれる。それに対して、通常の場合、機能語は文の強勢を受けない。そこには冠詞、be 動詞、助動詞、前置詞、接続詞、人称代名詞、所有形容詞、関係詞、存在文の there、名詞の代用としての one などが含まれる。しかしこれらが絶対に弱強勢であるということではなく、コンテクストによって強勢が置かれることもあり得る。したがって、これらの語の多くは強形と弱形をもっており、普通の辞書にもそれらの形が示されている。
　たとえば接続詞 and の発音を *OALD* (*Oxford Advanced Learner's Dictionary*) で見ると、弱形 3 と強形 1 で合計 4 種類の音が示されている。それらをフレーズやセンテンスの中で示すと次のようである。

　弱形 1：　[ənd] in *and* out; bacon *and* eggs

弱形2：［ən］man *and* wife; cup *and* saucer
弱形3：［n］bread *and* butter; They walked *and* walked.
強形　：［ænd］I want money *and* happiness.

　弱形1が最も普通の形である。弱形2は and の後に子音が続くので［d］が落ちて［ən］となる。さらに弱形3のように［t］や［d］の後の and では母音が落ちて［n］だけになる。and が強形で発音されるのは特別な場合で、上の例では「お金と幸せの両方」を強調するために強形となっている。
　機能語がこのように弱形と強形をもっているということは、それらの語をコンテクストから切り離してしまうと音が決まらないということである。たとえば and は単独でどう発音すべきであろうか。教室では通常［ænd］で発音練習をするが、これは正しいとは絶対に言えない。なぜなら and が強形の［ænd］で発音するのは、特別な場合だけだからである。このことは語の発音指導の際に特に注意しなくてはならない。機能語は常にセンテンスまたはチャンクの中で発音すべきである。なんと多くの日本人が can の発音は［kæn］だと思い込んでいることであろうか。これは明らかに学校での誤った指導の結果である。
　主な機能語の強形と弱形の一覧表を 24, 25 ページに示しておく。この表を生徒に示して記憶させるなどは賢明な方法ではない。表を暗記しても役には立たないであろう。音読では機能語は常にチャンクの中に入れて発音するから、その弱形を意識せざるを得ないのである。多くの生徒はそれで習得に至る。

強勢とリズムの指導
　これまで英語の強勢に関する一般規則をいくつか述べたが、これらの規則はすべて英語の強弱の強勢パタンによる支配からくるものである。つまり、英語の話し言葉においては、リズムがそれだけ圧倒的な力をもっているのである。この強勢パタンに慣れて、英語のリズムをものにすることが、音声言語としての英語を制覇するキーポイントなのである。
　そういうわけで、強勢とリズムの指導は英語指導の最初の段階からなさ

表 2.1　強形と弱形

		〈強形〉	〈弱形〉
(1) 変則動詞	am	æm	əm, m
	is	ɪz	z, s
	are	ɑːr	ər
	was	wɑz / wɒz	wəz
	were	wɜːr	wər
	be	biː	bɪ
	been	biːn	bɪn
	have	hæv	həv, əv, v
	has	hæz	həz, əz, z, s
	had	hæd	həd, əd, d
	do	duː	dʊ, də, d
	does	dʌz	dəz
(2) 助動詞	will	wɪl	l
	shall	ʃæl	ʃəl, ʃl
	can	kæn	kən, kn
	must	mʌst	məst, məs
	would	wʊd	wəd, əd, d
	should	ʃʊd	ʃəd, ʃd
	could	kʊd	kəd, kd
(3) 代名詞	we	wiː	wɪ
	you	juː	jʊ
	he	hiː	hɪ, iː, ɪ
	she	ʃiː	ʃɪ
	my	mɑɪ	məɪ
	your	jʊər, jɔːr	jər

			〈強　形〉	〈弱　形〉
		his	hɪz	ɪz
		her	hɜːr	hər, ər
		me	miː	mɪ
		us	ʌs	əs, s
		him	hɪm	ɪm
		them	ðem	ðəm, ðm
(4)	冠　詞	a	eɪ	ə
		an	æn	ən
		the	ðiː	ðə
				ðɪ（母音の前）
(5)	前置詞 接続詞	and	ænd	ənd, ən, nd, n
		but	bʌt	bət
		as	æz	əz
		at	æt	ət
		for	fɔːr	fər
		from	frɑm / frɒm	frəm, frm
		of	ɑv / ɒv	əv, v
		to	tuː	tʊ, tə
(6)	その他	some	sʌm	səm
		there	ðɛər	ðər（存在文で）
		that	ðæt	ðət（接続詞、関係代名詞）
		what	hwʌt, hwɑt / hwɒt	hwət（関係代名詞）
		who	huː	hʊ（関係代名詞）

れる必要がある。先ほどチャンキングの指導のところで挙げた英文に強勢のマークを加えてみよう。(ここでは第1、第2強勢の区別はしない)

(u) I líked Énglish in júnior hígh, / but in sénior hígh / it séems quíte dífficult. There are só mány néw wórds / and móst of the séntences / are lóng and dífficult. I thínk / I must pút móre tíme and énergy / into stúdying Énglish. Áctually, / I am móre ínterested in spéaking / than réading. I hópe to be áble to spéak Énglish wéll / when I gráduate from hígh schóol.

英語の強勢の規則そのものはそれほど複雑ではないけれども、日本人学習者が英語らしいリズムで読んだり言ったりできるようになるには、かなり長期にわたって意識的な練習が不可欠である。授業の中で、折々に時間を取って、英語の強勢とリズムを意識化させるための指導が必要である。教科書の音読練習をする個所に強勢マークをつけさせ、リズムをもって読めるようになるまでリハーサルを繰り返す方法以外にないであろう。

4. 音読におけるイントネーション

英語のイントネーション

イントネーション (intonation) は抑揚とも呼ばれるが、それは基本的に音の高さ (ピッチ) の変化である。

日本語では、ピッチの変化は単語内の音節を単位として段階的に起こる。たとえば次のようである。

(a)　ha|shi (箸); ha|shi (橋)

これに対して英語のイントネーションは、発話の単位、すなわちチャンク単位で起こるピッチの変化である。それは後述するように、通常、チャンクの後方にある音調核で起こるピッチの変化である。その変化は、(b) の例のような多音節では語内で段階的に変化するが、(c) のような単音節の語では音節内で連続的に変化する。

（b） I love my |coun⌐try.
（c） I love my |dog.

　したがって、日本語と英語の違いから、日本人には (b) よりも (c) のイントネーションの習得がむずかしいことが予想され、事実その通りなのである。

　そこで、英語を音読する場合にまず大切なことはチャンキングである。チャンキングの仕方によって、イントネーションが変わってくるからである。次の (d) のように 1 ヵ所で区切って読む場合と、(e) のように 3 ヵ所で区切って読む場合とではイントネーションが違ってくる。

（d） Once there was an old |man / who had a young horse named |Os⌐car.
（e） Once / there was an old |man / who had a young |horse / named |Os⌐car.

　その理由は、英語においては発話の単位であるチャンクごとに 1 つの音調核が置かれることになっており、そこでピッチが大きく変化するからである。そこで次に音調核について研究しなくてはならない。

音調核とは

　発話においてひと息に発する語のかたまりを本書では「チャンク」と呼ぶが、一つのチャンクの中にはピッチが急激に変化する場所が必ず 1 ヵ所ある。それはたいていチャンクの中で最も強い強勢の置かれる音節である。音読の場合では、長いセンテンスはいくつかに区切って読むことになるが、それぞれの区切られたチャンクにも、他の部分よりも際だったピッチの変化を伴う個所が必ず 1 ヵ所ある。それを音調核 (intonation nucleus) と呼ぶ。

　音調核の位置は、多くの場合、チャンク内で最後に強勢が置かれる音節（第 2 強勢は除く）である。というのは、英語の場合には、新情報を担う語が最後に置かれることが多いからである。たとえば次の (f) の文では最後の son のところでピッチが「高」から「低」へと変化する。

（f）　Mrs. Smith has gone to Paris to see her |son.

　しかし、すべてのチャンクが末尾に音調核をもつわけではない。強調や対比のために、その位置はさまざまに変わりうる。たとえば(g)の問答では音調核は必然的に Paris に移動する。

（g）　Where has Mrs. Smith gone?
　　　She's gone to |Par|is to see her son.

　このように、音調核の位置は話者が聞き手に対して新情報として何を伝えたいかによって決まるのである。これは音読の場合にも重要な点である。チャンク内の語はどれもが同じ情報量を担っているわけではなく、どれかが他よりも重要な情報をもっている。どれが最も重要かは、そのチャンクの前後関係、すなわちコンテクストによって決まるのである。したがって、読み手はいま読んでいる文章を深く理解することが必要になる。なぜなら、どこに音調核を置いてどう読むかは、読み手のテキストの解釈にかかっているからである。
　では、音調核のピッチの変化にはどのような種類があるであろうか。

音調核におけるイントネーションパタン
　イントネーションはイギリス英語とアメリカ英語でいくらか違いがあり、イギリス英語の方がやや複雑な変化をするようである。しかし音調核におけるピッチの変化は両者に大きな違いはない。したがって日本人の中学生・高校生には、音調核におけるピッチの変化に意識を集中させ、イントネーションに関する他の英米差を意識させる必要はないと考える。
　音調核におけるピッチの変化は、音声学者たちの分析によると、7種類にも8種類にもなる。しかしそれらは複雑すぎて、中学生・高校生には習得が困難であろう。そこで思い切って単純化することにする。英語のセンテンスにおける基本的なイントネーション・パタンは下降調（↘）と上昇調（↗）の2つである。ただし、長い文を途中で区切る場合のチャンクの音調核では下降上昇調（↘↗）となることが多い。学習者はまずこれら3つを基本

的パタンとして習得することが必要である。

(1) 下　降　調： I like ↘ dogs.
　　　　　　　　　What animals do you ↘ like?
　　　　　　　　　Look at those ↘ dogs!
　　　　　　　　　What lovely ↘ dogs!
(2) 上　昇　調： Do you like ↗ dogs?
(3) 下降上昇調： I like ↘↗ dogs / and Mom likes cats.

(1)の下降調は平叙文、Wh-疑問文、命令文、感嘆文の末尾に用いられるパタンである。(2)の上昇調は Yes-No 疑問文の末尾で用いられる。(3)の下降上昇調は文の途中で区切る場合に現れるパタンである。なおイントネーションの表記法にもいろいろなものがあるが、ここでは、音調核を有する語の前に、下降、上昇または下降上昇のピッチマークをつける方法を用いた。これは音声学の専門書でもしばしば用いられる最も簡便なものである。

　下降調、上昇調および下降上昇調の3つの基本的なイントネーションパタンを、教科書に出てくる文章で調べてみよう。次は説明文の例である。

(h)　Modern computers are used in many different ↘ ways. / For ↘↗ example, / they can improve your ↘ looks. / Shopping for clothes is sometimes ↘ difficult. / You try something ↘ on / — it's too ↘ big. / You try something else ↘ on / — you don't look good in that ↘ color. / It's easy to waste ↘↗ time / and end up with nothing at ↘ all. /　　　　　　　　　　　　　　　　(*Phoenix* I)

この文章は原則通り、文の途中での区切りを下降上昇調で、文の終わりを下降調で読めばよい。説明文や物語文は、一般的に言って、会話文よりも簡単である。

　次は会話体の例である。会話体の文章を読むときには注意が必要である。

(i)　Linda :　Hi, ↗ Yuji. / Is that a new ↗ suit?

Yuji :   ↘ Yes. /
Linda :   It looks really ↘ nice. /
Yuji :   ↘ Thanks. / A ↘ computer helped me to buy it. /
Linda :   A ↗ computer? / ↘ How? /   (ditto)

この会話文ではいくつかの注釈が必要である。

1行目： Yuji のような呼びかけは、通常、上昇調である。
2行目： Yes は通常は下降調であるが、上昇調または下降上昇調で言うと「そうだけど(それがどうした?)」という感じになる。
4行目： Thanks も通常は下降調。上昇調で言うと遠慮した感じ(この場合には特にテレている感じ)になる。そして次の文は、このコンテクストから、computer に音調核を置くのが最も自然である。
5行目： A computer? は上昇調でやや大げさな抑揚をつけて言う。すると「ヘー、コンピュータが?」と驚きを表す。How? は通常は下降調であるが、上昇調で言うともっと強い疑い(「まさか」という感じ)を表す。

この会話文の例に見られるように、会話文には Yes. や Thanks. や How? のような省略された形が多く使われるので、それらの抑揚を決めるのがむずかしい。また抑揚のつけ方によって意味が変わってくるのである。

そこで、先に述べた(1)～(3)の原則は原則として、それが絶対ではないことも承知しておかなければならない。平叙文や Wh-疑問文の末尾に上昇調が使われたり、Yes-No 疑問文の末尾に下降調が用いられることもあるのである。特に会話文ではそういうことがしばしば起こる。

次にもう少し例を追加する。

(j)　You aren't Mr. Cooper's ↗ son?
　　　cf. You aren't Mr. Cooper's ↘ son.
(k)　Excuse me, what's your ↗ name?
　　　cf. What's your ↘ name?

(l) Would you like ↘ coffee?
　　cf. Would you like ↗ tea or ↘ coffee?

　(j)は相手がクーパーさんの息子かどうか自信がないので、形は平叙文であるが、疑問文と同じ意味を表している。次の(k)はWh-疑問文であるが、下降調では断固として相手の名前を聞き出さずにはおかないという傲慢な態度を相手に与えるので失礼になることがある。上昇調であればその態度がやわらぎ、丁寧な感じになる。(l)の疑問文は通常では上昇調であるが、下降調にすると相手がコーヒーを飲むことに決めてかかっている感じになる。したがって実際は命令文に近い。

　このように、イントネーションの変化は話者の微妙な心的態度を反映する。したがって、外国語として英語を学ぶ我々にとって、それに習熟するのは非常にむずかしいと言わねばならない。しかしイントネーションの表す意味規則はそれほど複雑ではない。今井邦彦（1989）によれば、下降調は「断定」を表し、上昇調は「判断の保留」を表す。このルールを頭に置いて言語経験を積むならば、生徒たちはやがてそれらの微妙な違いを区別できるようになるであろう。

イントネーションの指導

　すでに述べたように、イントネーションは話者の微妙な心的態度を表す。したがって我々外国人にはその完全な習得はむずかしい。しかし基本は簡単である。音調核におけるピッチの変化に注意すればよい。先に挙げた例にピッチマークをつけると次のようになる。これらは中学生にもむずかしくはない。

(m) Once there was an old ↘ man / who had a young horse named ↘ Oscar.
(n) ↘ Once / there was an old ↘ man / who had a young ↘ horse / named ↘ Oscar.

　ただ会話体の文を読む場合には注意が必要である。会話というのは通常さまざまな感情が込められるので、どのような強勢とイントネーションで

言われたのかをコンテクストから判断することが求められる。日常的な会話経験の乏しい環境での英語学習においては、テキストを研究し、自分で納得のいくイントネーションをつけて言ってみる練習から始めるしかない。そのような研究と音読経験を積み重ねることによって、それらを実際的経験に発展させていくわけである。

5. 音読における音変化

単語内の音変化

　英語の単語内のある音が、その前後にくる音のために脱落したり、後に続く音に同化して変化してしまったりすることがある。もちろん日本語にもあるが、英語にもたくさんある。音声学者はこの現象を音変化と呼んでいる。

　これは英語を母語とする人々にとっては別にむずかしいことではない。速く話したりするときにその方が発音しやすいので、自然にそうなるのである。いわば話し言葉の「省エネ」の結果である。しかし英語を外国語として学ぶ我々にとっては非常に厄介な問題の一つである。音が変化してしまうので聞き取りにくく、聞き取れなければそのように発音することは不可能である。明らかに外国人なまりの一因である。これに慣れるのは至難のわざだと言ってよい。そこで指導が必要である。

　先に述べた機能語の弱形というのは、実は音変化の一例である。接続詞 and は強勢が置かれる場合のみ [ænd] と発音される。これが弱強勢の場合にはさまざまに変化する。機能語についてはすでに述べたので、ここではそのほかに中学生・高校生が知っていてよいと思うものを取り上げる。

（1）　子音に挟まれた [t] と [d] は脱落しやすい： firs*t*ly,　secon*d*ly, las*t*ly, exac*t*ly, recen*t*ly, san*d*wich, kin*d*ness, frien*d*ship, etc.
（2）　[t] や [d] の後に [l] が続くと舌先を歯茎につけたまま破裂させ、側音破裂音となる： li*tt*le, ba*tt*le, ca*tt*le, ba*tt*le, can*d*le, mi*dd*le, etc.

（３）　[t] や [d] の後に [n] が続くと破裂音の調音が鼻腔内になり、鼻腔破裂音となる： cer*t*ain, cur*t*ain, co*t*ton, Bri*t*ain, su*dd*en, ma*dd*en, etc.
（４）　[t] や [d] の後に [r] が続くと唇が丸められ、舌先が口蓋との接点である歯茎口蓋にくる： *tr*ay, *tr*ee, *tr*ue, *tr*y, *dr*y, *dr*aw, *dr*ink, *dr*ug, etc.
（５）　無強勢母音 [ə] はその後に [l] が続くと脱落しやすい： fam*i*ly, care*fu*l, me*ta*l, mo*de*l, eas*i*ly, nove*li*st, etc.
（６）　次の語の [θ] や [ð] は発音しにくいので脱落する： mon*th*s, fi*fth*s, clo*th*es, etc.
（７）　子音に挟まれた次の [k] は脱落する： as*k*ed
（８）　アメリカ発音では母音に挟まれた [t] は有声音になる： be*tt*er, le*tt*er, wa*t*er, etc.

語と語の間の音変化

　日本人の音読で最も気になるのは一語読みの習慣である。すべての日本人がそうであるわけではなが、大学生のかなり多くの者にその傾向が見られるところから、中学・高校の基礎段階で十分な音読指導がなされていないことは明らかである。
　音読指導の第一歩は、すでに述べたように、音読の最小単位は単語ではなくてチャンクである。英語のセンテンスは語の分かち書きがなされるので、語がセンテンスの最小単位だと思い込んでしまうのである。したがって、一つ一つの語を正確に発音しさえすれば英語のセンテンスになると信じて疑わないのである。これは大きな誤りである。
　センテンスは単なる語の集合ではない。語をいくら集めてもセンテンスにはならない。これは英語学習の最初の段階で学習者によくよく注意しなければならない。英語の入門期に文字から入る方法が危険なのはこのためである。文字から入ると学習者の注意は必ず文字と単語に行く。文字と単語を覚えることが英語学習であると誤解するのである。入門期に音から入ればこの危険はかなり防げる。それでも教科書を開くと、そこには単語が

分かち書きされて並んでいる。注意して指導しないと、口できちんと言えた英語のセンテンスやチャンクが、教科書を開いたとたんに一語読みになってしまう。しかし十分な口頭練習がなされていれば、学習者が一語読みを習慣にしてしまう前に正しい音読に導くことが可能である。これに反して、入門期を書き言葉から入った生徒はそうはいかない。その悪い習慣を完全に身につけてしまうのである。

　センテンスまたはチャンクとしてひと息に言ったり読んだりする場合には、書き言葉の語と語の間の隙間は埋められなければならない。その場合には前後の語を連続させると共に、先に述べた単語内の音変化と同じような現象が起こる。すなわち、母語話者はより速くより滑らかに発音しようとして、ある音を脱落させたり、後に続く音に同化させたりするのである。語と語の間で起こるそれらの音変化のうち、特に注意すべきものを以下に例示することにする。

（９）　子音で終わる語の後に母音が続く場合は CV を連続させる：
one‿another / one‿of‿us / seven‿o'clock / get‿up / in‿an‿instant
It's‿an‿apple.
Take‿it‿easy.
I've‿got‿a lot‿of money.
It came‿out‿of the hole.

（10）　r で終わる語の後に母音が続く場合は r と母音を連続させる：
for‿example / for‿instance / for‿a week / far‿away / here‿and there / more‿and more / after‿a while
You're‿a student, aren't you?
Please shut your‿eyes.
There‿are（There're）some apple trees in the yard.

（11）　[t] や [d] の後に破裂音（p, t, k, b, d, g）が続く場合は、前の破裂音を脱落させるか、後の子音に同化させて長音化する：
tha*t* pen / tha*t* tent / tha*t* king / tha*t* bed / tha*t* day / tha*t* guy / nex*t* day / mash*ed* potatoes / difficul*t* problems /

He tough*t* Tom.

Please hold i*t* tight.

We ha*d* go*t* to the village a*t* tha*t* time.

（12）［t］［d］または［n］の後に［θ］［ð］が続く場合は、前の音を後の［θ］や［ð］と同じ調音位置で発する：

tha*t* thing / goo*d* thing / o*n* that table

Look a*t* that boy.

There were te*n* thieves living i*n* the cave.

"Put it i*n* the box," sai*d* the mother.

（13）有声摩擦音［v］［ð］［z］の後に無声子音が続く場合は、前の有声音を無声化する。

o*f* course / wi*th* thanks

We'*ve* found it at last.

I ha*ve* to go now.

He ha*s* to come back.

She wa*s* shivering wi*th* cold.

Let's choo*se* six.

（14）［t］［d］［s］［z］の後に［j］が続くとそれと合体し、それぞれ［tʃ］［dʒ]［ʃ］［ʒ］となる：

Won't‿you come with me?

Would‿you mind opening the window?

I miss‿you very much.

Has‿your brother come back?

音変化の指導

　これらの音変化に習熟するのは日本人学習者にとってなかなか大変なことで、かなり長期にわたる学習が必要である。中学と高校においては、テキストの音読練習の際に、音変化が起こるケースに出会うたびに注意を促して意識化させる方法がよいであろう。そういう音読練習を積み重ねる以外には、これに習熟する方法はないのではないかと思われる。

6. まとめ

　本章においては、英語における基礎的な音声指導を、音読指導を通していかに行うかという観点から述べた。本書のはじめにも書いたが、英語の音声というのは単に母語話者の音を模倣することによって学習されるものではなく、英語という言語の音韻システムを獲得することによってはじめて可能になるのである。それは子供の母語習得でもかなり長期にわたる学習が必要とされるものである。まして、すでに日本語という母語の音韻システムを獲得してしまっている大人が、きわめて限られたインプットを基にして、英語の複雑な音韻システムを学んでいくというのは非常に大変なことである。それは適切な指導を受けなければほとんど不可能なことなのである。その証拠は我々の周りにいくらでもある。大多数の日本人は、積年の学習努力にもかかわらず、英語らしい音が出せるようにならない。在外経験のある人ですらそうである。

　日本人が教室という限られた学習環境で英語の音韻システムを習得するためにはどうしたらよいか。まず英語の音声についての気づきを発達させなければならない。そのためには、英語の音声の何に注意を払ったらよいかを教えられなくてはならない。気づくためには意識をそこに集中しなくてはならない。モデルの音をよく聴きなさいという指示は不親切であり、不充分である。どんな音の特徴に注意すべきかを指示されるべきである。

　本章で我々は英語の音声の最も基本的な特性として、第1に発話の最小単位としてのチャンクに気づくこと、第2にチャンクの強弱のリズムパタンに気づくこと、第3にチャンクの音調核におけるイントネーションのパタンに気づくことが重要であることを述べた。個々の母音や子音の発音については特にふれなかった。もちろん、それらが重要でないという意味ではない。ただ大部分の英語音声学の解説書はそれらの分析に多くのページを割いており、英語教師であれば、それらについての一応の知識はもっていると考えたからである。それ以上に重要なことは、英語の音声指導は母音・子音の単音の正確さよりも、上記の3つの音声特徴にまず注意し、それらのシステムを意識的に学び理解し、そして音読によってそれらを自動

化することが必要なのである。そこまでいってはじめて英語の音声を自由に使いこなす技能に習熟したと言えるのである。個々の母音や子音の正確さや音変化の知識と技能は、長期にわたる音声訓練の中で、しだいに身につけていくものである。

〈参考文献〉
　この章を書くに当たって参考にした文献を以下に挙げる。これらは英語の音声指導について関心のある方々にご一読を勧めたい。

今井邦彦．1989．『新しい発想による英語発音指導』大修館書店
松坂ヒロシ．1986．『英語音声学入門』研究社出版
大高博美．1998．『英語音声教育のための基礎理論』成美堂
O'Connor, J. D. & Arnold, G. F. 1973. *Intonation of Colloquial English*. (2nd ed.) London: Longman.（片山嘉雄 / 長瀬慶平 / 長瀬恵美共訳．1994．『イギリス英語のイントネーション』南雲堂）
島岡　丘．1990．『改訂新版　現代英語の音声』研究社出版

第3章 音読と語彙指導

1. はじめに——語彙学習のむずかしさ

　外国語の学習で学習者を最も苦しませるのが語彙である。英語の学習も例外ではない。中学生や高校生における英語嫌いの主要原因の一つが、英語の単語を記憶できないことにあると言われている。なぜ英語の単語が記憶できないか。この問題は英語学習の成否を左右する重要な問題なので、ここで少し考えてみよう。

　子供の言語習得において語彙の習得が問題となることはほとんどない。よくわかっていることは、子供が1歳半くらいになって言葉を話し始めると、周りの大人が驚嘆するほど急速に語彙を増やしていくことである。まるでスポンジがインクを吸うようである。ある信頼できる推定によれば[注]、英語を母語とする子供の多くは5歳までに3000語くらいを実際に使用するという。つまり発表語彙がそれくらいあるということである。この数はその後も確実に増加し、13歳で2万語、20歳で5万語以上に達するという。したがって、教育のある母語話者は少なくとも5万語を知っていることになる。知っているということは、それらは潜在的に使用可能な語彙だということである。理解できるだけの、いわゆる受容語彙はそれよりさらに大きいはずである。

　子供はなぜそれほど速く多くの語を記憶できるのか。その最も合理的な

説明は、人間は生まれつき大きな記憶装置を備えているということである。だから子供に「単語をおぼえなさい」と言う必要はまったくないわけである。誰にも言われなくても、子供は単語をどんどん記憶するのである。もちろん普遍文法には個別言語の語彙は含まれていない。だから子供は経験によって語彙を獲得する以外にない。実際、多くの子供の言語習得環境は恵まれている。まわりの大人たちが、子供の興味を引く事柄についていろいろ話しかけてくれる。子供が何かを言えばすぐにフィードバックしてくれる。「これなあに？」と言えば、すぐに答えてくれる。彼らの言語経験はまことに豊かである。しかも子供は好奇心が旺盛であり、自分の興味を引くものを常に話題にするのである。

　それなのに中学生や高校生、あるいは大人の学習者はなぜ英語の単語が記憶できないか。子供の言語習得とどこが違うのか。上に述べた子供の言語習得の特徴には、3つのキーワードがあることがわかる。すなわち、第1に人間の「記憶装置」のこと、第2に子供の「言語経験」のこと、第3に子供の「好奇心」のこと。これら3つの点において大人は子供とどう違うであろうか。

　まず人間が生得的な記憶装置を備えている点であるが、大人はその装置を失ってしまうのであろうか。あるいは、年齢が進むと共にその機能が減退するのであろうか。否、これまでの心理学的・神経学的研究で得られたいかなる証拠からも、そういうことはまったく考えられないのである。むしろ人間の記憶力は10歳代でさらに向上し、健常者であれば成人に達したのちにも直ちに衰えるということは決してない。記憶に関して大人が子供と異なる点があるとすれば、それは子供がある期間に言語習得に集中的に取り組むのに対して、大人の注意は散漫となり、言語の問題ばかりに集中できなくなるということくらいであろう。学習者の記憶装置が働いているとすれば、単語が記憶できないという生徒の嘆きの原因は、それ以外に求めなければばらない。

　そこで、第2の言語経験の問題に原因を求めることになる。これは子供と大人では非常に違う。英語が日常的に使われる環境での第2言語習得、すなわちESLであれば、言語経験にもいくつかの共通点が見出せるであ

ろう。しかし日本の英語学習はほとんど完全な EFL である。教室での学習を除くと、英語の使用経験は皆無に等しい。したがってインプットは貧弱であり、アウトプットの機会は限りなくゼロに近い。フィードバックを得るチャンスもまったくない。中学生や高校生が英語の単語がおぼえられないと嘆くのは、無理のないことである。言語経験が決定的に不足しているのである。彼らは言葉の使用をほとんど経験せずに、単語という記号だけを機械的に記憶しようとしているのである。

　第3の好奇心の問題も大いに関係がある。言語の学習に限らず、未知なるものの学習はすべて好奇心が発端となる。好奇心なしに新しい気づきをもつことはない。したがって何物も学ぶことはできない。幼い子供は、生まれながらにして、生きることに必要なあらゆる事柄の学習に動機づけられている。まるでゼンマイがいっぱいに巻かれているようである。これに対してすでに母語を習得してしまった大人は、言語に対する好奇心が子供よりも薄弱である。動機も道具的であり、子供に比べて純粋ではない。英語のような長期にわたる努力を必要とする学習に取り組むには、それ相当の覚悟がなければならないわけである。

　以上の考察から、我々の生徒たちが語彙の学習につまずく原因として、言語経験の貧しさと学習動機の弱さの問題が浮かび上がってきた。本章はまずこれら2つの問題の考察から始めることにする。

注）Aitchison, J. 1997. *The Language Web: The Power and Problem of Words*（The 1996 BBC Reith Lectures）. Cambridge University Press.

2. 語彙学習の動機づけと学習者の言語経験

　単語の記憶法として現在でもよく行われているのは、単語リストやカードによって記憶する方法であろう。最も簡便なのは単語の綴りと意味だけが書いてある。綴りに発音記号が添えてあるものもある。さらにその語を使った例文が書いてあるものもある。リストやカードには出来合いのものもあり、生徒自ら作成したものもある。そのようにして記憶した単語は本当に役に立つのであろうか。これは語彙学習の動機づけと言語経験に関連

する重要な問題を提起する。

　上の単語記憶法についての専門家の意見は、およそ次のようである。第1に、学習者が主体的にそのタスクに取り組んだ場合には効果的だということである。出来合いのカードやリストを使うよりも、学習者自身がそれらを工夫して作成し、自分で発音記号を書き込み、例文や用例も自分で探し出したものを記入する方がずっと効果がある。その理由は、学習の動機づけという点で、学習者自身が主体的に関わる学習の方が、受動的な学習より優れているからである。

　第2に、カードやリストによって単語を記憶することが効果的なのは、それらの単語が学習者の言語経験と結びつくときである。つまり、ただ書かれている単語の形とその意味を結びつけるだけでは学習者の言語経験とは結びつかない。それがどんな音をもつ語で、他のどんな語とチャンクをつくり、どんなふうに使われるかを知らなければならない。そうでなければ実際の役には立たないであろう。語は単独で使われることはめったにない。ほとんどの場合、それはチャンクやセンテンスの中で使われる。だから、聴いたり話したり、読んだり書いたりする活動を経験する中で、大切な語をピックアップして記憶することが必要なのである。この意味でも、学習者自身が自分の言語活動の経験から必要に応じて作成した単語カードやリストが有効なのである。

　第3に、カードやリストによる単語記憶法は、単語の種類によって効果が異なるということである。英語の学習者は誰でもすぐ気づくように、多くの語は多義的である。たとえば、中学1年生ならば watch を「時計」とおぼえて、それで間に合うかもしれない。しかし watch には動詞もあるから、名詞だけでいつも間に合うわけではない。たしかに scientist を「科学者」、astronaut を「宇宙飛行士」と記憶すれば大体それで間に合う。これらの語は多義ではないからである。というわけで、単義的な語は単独でおぼえても役に立つが、多義語はコンテクストから切離しておぼえても役に立たないことがある。つまり、カードやリストによる単語記憶法には限界があるということである。

　この最後の点は特に重要である。なぜなら英語の単語の多くが多義的で

あり、しかも基本的な語ほどその用法が複雑だからである。機能語が単独ではほとんど意味をなさないことは言うまでもない。それらはチャンクやセンテンスの中で学習するより仕方がない。機能語と同様に、特に英語の基本動詞の用法はきわめて複雑である。たとえば take という動詞を『ライトハウス英和辞典』（第 4 版）で見ると、他動詞で 20、自動詞で 4、合計 24 の意味に分類されている。さらに take は take away, take off, take up など多くの複合動詞（句動詞）をつくる。それらの全部に精通する必要はないとしても、頻度の高い用法に慣れるだけでも容易なことではない。それらはフレーズや短いセンテンスで記憶し、実際に使ってみて、自分の言語経験に結びつける以外にどんな学習方法があるであろうか。

3. 音読と発表語彙の蓄積

すでに第 2 章の「音読におけるチャンキング」で述べたように、我々が言葉を発するときにひと息に出す語のかたまり、あるいは音読のときに一気に読む語のかたまりのことを「チャンク」と呼ぶ。機能語はもちろん、動詞をはじめ使用頻度の非常に高い基礎語の多くは多義的であるから、それらはチャンクの中で記憶するのが最も合理的であり、実践的なコミュニケーション場面での使用とも結びつく。

その記憶の手段として、テキストの音読は非常に優れている。音読はチャンクごとに声に出して言う練習である。声を出すということは、練習して記憶したものを自分自身の使用レパートリーとして蓄積するのに間違いなく役立つ。ただ耳で聴いただけ、あるいはただ目で見ただけの語は、よほど印象的な語でない限り記憶痕跡にとどめにくい。たといとどまったとしても、受容語彙にはなっても発表語彙にはなりにくい。声を出すこと、そして幾度もリハーサルが要求される音読という活動は、それ自体はコミュニケーション活動とは言えないが、そこに至る前段階の活動としてまことにふさわしい活動である。それはちょうど俳優が台本でリハーサルをするのに似ている。いざ本番となって舞台に上がったときには、台詞を完全に自分の言葉として表現できるのである。

さらに、教科書のようなテキストの音読練習には、もう一つ見逃してはならないメリットがある。音読は、テキストという大きなコンテクストの中に入れられたセンテンスの意味を頭に思い浮かべながら、チャンクごとに区切って読む練習である。チャンクはセンテンスの中に入れられて意味をなす。つまり、その統語的役割だけでなく、意味的役割が決まる。センテンスも同様に、さらに大きなパラグラフやディスコースに入れられて意味をなす。チャンクだけを取り出して練習することも時に必要であろうが、それらはより大きなコンテクストの中で、全体的場面や状況を頭に入れて練習するほうが学習者自身の言語経験に結びつきやすい。また実際のコミュニケーション活動とも結びつきやすい。いま練習しているチャンクやセンテンスがどんな場面で使われるのかがわかっていなくて、どうして実践で役立つであろうか。その上、そのような練習のほうが記憶保持の点からも有利である。ある項目の記憶は手がかりが多いほど記憶保持と検索に役立つことが知られているからである。本書のいたるところで述べるように音読にはいろいろなメリットがあるが、自己表現に使える発表語彙の蓄積ということがその大きなメリットの一つであることは、特に強調してよい点である。

4. チャンクと定型表現、連語、慣用句

ところでチャンクは通常1個またはそれ以上のフレーズ(またはクローズ)から構成されている。チャンクの構造に注意しながら、次の教科書の英文を見てみよう。

(a) A hundred million years ago, / in the age when there were no human beings, / many kinds of dinosaurs / ruled the earth. / Some of the largest ones / were 30 meters long. / Of course, / there are no dinosaurs on the earth now. / They suddenly died out / about 65 million years ago. / But why did they all die? /

(*Lighthouse English* 1)

上の英文は 11 のチャンクに分けられている。高校 1 年という学習段階を考慮すれば、上に示したものが最も無理のないチャンキングではないかと思われる。ここには名詞句、動詞句、副詞句、前置詞句などと呼ばれるフレーズと共に、主語・述語を備えたクローズあるいは独立したセンテンスの形をしたものもある。これらを整理すると次のようになる。

- 名　詞　句： many kinds of dinosaurs; Some of the largest ones
- 動　詞　句： ruled the earth; were 30 meters long
- 副　詞　句： A hundred million years ago; about 65 million years ago
- 前 置 詞 句： in the age when there were no human beings; Of course
- ク ロ ー ズ： there are no dinosaurs on the earth now; They suddenly died out; But why did they all die

　これらのフレーズやクローズの文法的構造については次章で扱うので省くことにして、ここでは語彙的に扱うことのできる問題だけを取り上げる。
　すべてのフレーズは語と語の連鎖から成っているが、語と語の結合には統語的または意味的な結合規則が存在する。ある語が他のすべての語と結合できるのではないのである。次の (b) の英単語 5 語を使って有意味なフレーズを作るとすると (c) 以外にはあり得ない。

　（b）　a, ago, hundred, million, years
　（c）　a hundred million years ago

ということは、英語には(おそらく他のすべての言語にも)語の配列には一定の規則があるということである。つまり、5 つの語を機械的に組み合わせて可能な数のフレーズができるわけではなく、そこには語の組み合わせに関する厳しい制約がある。(b) の 5 語の場合には (c) の組み合わせしか許されないのである。
　また (c) のフレーズは「〇〇年前に」という意味を表す副詞句であるが、この「〇〇」の個所を入れ替えて、(d) (e) (f) のように、いくらでも同じ形のフレーズを作ることが可能である。

（d）　a hundred and fifty years ago
　（e）　two thousand years ago
　（f）　about 65 million years ago

このようなフレーズを普通は慣用句とかイディオムとは言わない。他のさまざまな語の入れ替えができるからである。しかし自由度は高いけれども型が決まっているのであるから、ある種の「定型表現」と言って差し支えないであろう。
　(a)の英文には他にもこういうフレーズはないであろうか。次の3つのフレーズは定型表現の中に入れてよいと思われる。

　（g）　many kinds of dinosaurs
　（h）　some of the largest ones
　（i）　（were）30 meters long

それぞれ語の一部を入れ替えて次のようにすることが可能である。

　（g'）　many kinds of animals; three kinds of stories
　（h'）　some of the largest animals; some of the smallest insects
　（i'）　(be) a hundred meters long; (be) three meters wide

　一方、(a)の英文には慣用的に用いられるフレーズも含まれている。次の2つはどの辞書も慣用句として扱っている。

　（j）　of course
　（k）　die out

(j)のような「前置詞＋名詞」の形をした慣用句や、(k)のような「動詞＋副詞(不変化詞)」の形のいわゆる「句動詞」と呼ばれる慣用句は実に数多く存在する。
　これに対して慣用句とは言わないが、先ほどの(g) **many kinds of** はそれに近い表現である。また **human beings** というのもかなり定型的な表現である。**being** と共起する形容詞は限られており、どんな形容詞とでも結

合するわけではないからである。次は being と連語をなす形容詞である。

（1）　a human [living, mortal, rational, supernatural] being

　ある語が特定の他の語と規則的に結合して現れることを「連語(関係)」(collocation) と呼ぶ。連語がさらに強固に結びついて、常にその形に固定されたものが慣用句(イディオム)である。したがって慣用句を連語の一種と見なすことも可能である。実際、連語と慣用句の区別は困難な場合が多い。ここでも厳密に区別することはしない。

　次にそうした連語の典型的なものを例として挙げよう。

（m）　I would like *a cup of strong tea*.
（n）　Please *send my best regards* to your mother

　(m) のフレーズ a cup of strong tea には 2 つの連語が含まれている。a cup of tea と strong tea の 2 つである。前者は特定の名詞が連合して作る名詞句で、cup または tea に代わり得る語は限られている。後者は「形容詞＋名詞」の結合であるが、この場合 strong に代わり得る形容詞は weak, black など、ごく限られている。

　(n) のフレーズにも 2 つの連語が含まれている。send regards (to) と best regards の 2 つである。前者のような「動詞＋名詞(句)」の形の動詞句は英語には無数に存在し、その多くが連語や慣用句をなす。このようなものの蓄積なしに英語を使うことは不可能である。後者は形容詞と名詞の結合であるが、この場合に best に代わり得る形容詞は warm(est) か kind(est) しかない。これも典型的な連語の例である。

　英語のネイティブ・スピーカーはこのような連語および連語チャンクの大きな貯蔵庫を脳の中に所有しており、必要に応じて自在に使用する。もし英語を母語とする 13 歳の子供の語彙が 2 万とすれば、彼らの貯蔵庫にはそれに劣らない数の連語チャンクが貯蔵されていると推定される。EFL の学習者がいくら頑張ってもその数には及ばないかもしれないが、我々は自己表現に必要なものを努力して貯蔵庫に蓄積していくほかないであろう。

5. 語彙的連語

語彙的な連語にはさまざなタイプのものが考えられる。ここではそれらの主要なタイプとして次の8つを扱う。

（1）　名詞句1　（形容詞＋名詞）
（2）　名詞句2　（名詞＋名詞）
（3）　名詞句3　（名詞＋of＋名詞）
（4）　主述句　　（名詞＋動詞）
（5）　動詞句1　（動詞＋名詞(句)）
（6）　動詞句2　（動詞＋副詞）
（7）　形容詞句　（副詞＋形容詞）
（8）　前置詞句　（前置詞＋名詞(句)）

以上の分類は、*The BBI Dictionary of English Word Combinations*（Revised Edition, 1997）の分類に基づいている。この辞書は連語を「語彙的連語」（lexical collocations）と「文法的連語」（grammatical collocations）の2つのグループに分ける。「語彙的連語」とは、上の（1）から（7）に挙げたようなタイプの語の組み合わせで、複雑な文法構造を中に含まないものを言う。「文法的連語」とは名詞、形容詞、動詞などが中心となり、それに前置詞または不定詞、クローズなどの文法構造を伴うものである。ここでは前者の「語彙的連語」のみを扱うものである。後者の「文法的連語」については第4章でくわしく取り上げることにする。

ただし、上記のBBIの辞書で文法的連語として扱っている前置詞句の一部を、ここでは語彙的連語に入れて（8）のタイプとして扱う。前置詞句のあるものは、慣用句としてセンテンスの他の構造から独立して用いられることがあるからである。

名詞句1　（形容詞＋名詞）

形容詞と名詞の結合はかなり自由度が高いが、どんな組み合わせでも可能なわけではない。名詞によって結合が好まれる形容詞がいくつかあり、

それらと連語を形成する。さきほど挙げた best regards や strong tea がその例である。次は (a) color, (b) fruit, (c) sky と連語をつくる形容詞を調べたものである。

- （a） a (bright, brilliant, dark, dull, loud, harsh, natural, neutral, pastel, rich, soft, vivid, warm) color
- （b） (canned, dried, forbidden, fresh, frozen, green, ripe, sweet, tropical, young) fruit
- （c） a (blue, clear, cloudy, dull, fair, gray, overcast, sullen, starry) sky

ついでながら、形容詞と名詞の結合では、原則として名詞に第1強勢が置かれ形容詞は第2強勢であることに注意されたい。

名詞句2 （名詞＋名詞）

名詞と名詞が結合して合成語をつくる例も数多いが、むろんすべての名詞が他の名詞と結合できるわけではない。次の (d) house や (e) table などは他の多くの名詞と連語をつくる。

- （d） a(n) (apartment, boarding, country, frame, fraternity, manor, one-family, sonority, summer, weatherboard) house
- （e） a (bedside, card, coffee, conference, dining-room, dinner, dressing, kitchen, negotiating, night, ping-pong, writing) table

なお、名詞と名詞の組み合わせでは、第1強勢が最初の名詞にあり、後の名詞は第2強勢となる。

名詞句3 （名詞＋**of**＋名詞）

これは a cup of tea の形の名詞句である。この連語には2種類ある。(f) は個体が属するより大きな集合体を示すもの、(g) は一般的、抽象的なものの具体例を示すものである。前者は可算名詞についての表現であり、後者は不可算名詞に関するものであることが特徴である。

- （f） a bunch of grapes, a colony [swarm] of bees, a flock of sheep, a herd of cattle, a pack of dogs, a school of whales, etc.
- （g） an act of violence, an article of clothing, a bit of luck, a glass of water, a loaf of bread, a piece of advice, etc.

主述句 （名詞＋動詞）

　主語の名詞と述語動詞から成るチャンクである。したがって形はセンテンスである。通例、動詞は名詞の表す人や物に特徴的な行為を述べる。(h)はその典型的な例であるが、あまりにも当たり前の内容なので辞書には載せていない。(i)の例はそれほど多くは見当たらない。

- （h） Cooks cook; Dancers dance; Singers sing.
- （i） The alarm went off; Bees are buzzing; A bomb exploded.

動詞句 1 （動詞＋名詞(句)）

　英語の最も典型的なセンテンスの型は NP-V-NP である（NP = Noun Phrase, V = Verb）。つまり、主語の名詞句が冒頭にあって、その後に動詞が続き、動詞の後に目的語(または補語)の名詞句がある、という文である。ここで、動詞とその目的語である名詞との結合には強固なものが多く、この形の連語が英語では実に多い。次の(j)(k)では動詞と目的語との結びつきは弱く、さまざまな結合が可能である。このような自由度の高い結合は連語と言うにはふさわしくない。

- （j） build a bridge [a house, a road, a tower, etc.]
- （k） cook fish [meat, potatoes, vegetables, etc.]

これに対して次の(l)に挙げた例は動詞と名詞の結合は強固で、ふつう連語として辞書にも示されている。

- （l） commit suicide, compose music, fly a kite, have [take] a bath, launch a missile, make a decision, pose a question, set an alarm, spin a top, take one's seat, wind a watch

日本語では「する」という動詞でさまざまな動作を表すことができる。たとえば「手術をする」「テニスをする」「見積りをする」など。しかし do を使ってそのまま英語にならないことが多い。「自殺をする」を '*do suicide' とは言わない。上の例はそれぞれ、'perform [conduct] an operation'（ただし「手術を受ける」ならば 'have an operation'）, 'play tennis', 'make an estimate' と言う。このように動詞とその目的語の名詞とは連語を作ることが多く、それを知らないと正確に表現できないわけである。

動詞句 2　（動詞 + 副詞）
　ここに属する連語はそれほど多くはない。'Thank you very much' や 'Thanks a lot' のような定型表現も連語の一種と見なしてよいであろう。ここでは感謝と謝罪に用いる連語を含む表現だけを挙げておく。

　　（m）　I deeply [greatly, keenly, sincerely] appreciate your kindness.
　　（n）　I deeply [humbly, profusely] apologize to you for this.

形容詞句　（副詞 + 形容詞）
　ここに属する連語も多くはない。つまり、副詞と形容詞の結合は自由度が高いと言えよう。「よく知っている」は 'know well' であるが、次の文はそれに関連した連語を含む表現である。

　　（o）　I am closely [intimately, thoroughly] acquainted with him.
　　（p）　She was thoroughly familiar with that area.

前置詞句　（前置詞 + 名詞(句)）
　前置詞句は形容詞句として名詞を修飾したり、副詞句として動詞や形容詞や文を修飾したりする。ここで扱う前置詞句は慣用句として独立したチャンクにもなるようなもので、文法的色彩の薄いものである。その数は非常に多いので、例として at, by, for, in, of, on, to, with の前置詞句を一つずつ示すにとどめる。

　　（q）　at once, by the way, for example, in advance, of course, on the contrary, to one's knowledge, with all one's might

6. まとめ

　語彙指導については、つい最近まで、研究者の本格的な研究対象とはならなかった。語彙は教えられないもの、教師の指導の及ばないもので、学習者自身が努力して記憶する以外に方法がないものと考えられていたからである。わが国では英語の語彙に関する研究はもっぱら辞書編集者の手にゆだねられており、その指導に関する事柄は高校教師または受験英語の専門家たちの仕事であった。

　リヴァーズ (Rivers 1983) はその著書の中で語彙指導について次のように書いている。

　　"*Students have very personal semantic network into which they process what they find to be useful. Consequently, vocabulary cannot be taught.* It can be presented, explained, included in all kinds of activities, and experienced in all manner of associations (visual, auditory, kinesthetic, tactile, olfactory if one wishes), but ultimately it is learned by the individual."　(p. 127)
　　[生徒はきわめて個人的な意味のネットワークをもっており、自分が有用と思うものを処理してそのネットワークに組み入れていく。したがって、語彙は教えられない。提示したり、説明したり、あらゆる活動の中に含め、あらゆる種類の(視覚的、聴覚的、筋肉的、触覚的、あるいは嗅覚的な)連合の中で経験させることは可能である。しかし結局は個人によって学習されるものである。]

　ここでリヴァーズが強調していることは、語彙の学習というのは非常に個人的な、したがってある意味で個性的な活動だということである。たしかにその通りである。教室において、教師はテキストに出てくる語やそれらに関連するさまざまな語を提示し説明する。しかし最終的にどの語をどう記憶するかは生徒しだいである。それぞれの生徒が、提示された語彙の中から自分の個人的な必要や好みに従って選定し、自分なりの個性的なやり方でそれらを脳の中の意味ネットワークに関係づけ、組織化して貯蔵す

るのである。したがって語彙は直接教えられるものではないということになる。

では教師は生徒の語彙の学習について何ができるか。本章において我々は次の3点を強調した。

第1に教師ができることは、生徒を語彙学習に動機づけることである。幼い子供は生きるための必要があって熱心に言葉の学習に励む。そして彼らの生得的言語習得装置は、そのようにセッティングされているのである。これに対して我々の生徒たちは、すでにコミュニケーションの手段として日本語を獲得しており、しかも日常生活で英語を使用する必要性をあまり感じていない。したがって学習の動機は一般に道具的であり、また非常に弱い。語彙の学習というのは、特にエネルギーと時間の消費を必要とする。英語の語についての旺盛な興味と、おぼえた語を使って自己表現ができたという実感がなくては、彼らの努力を持続させることはむずかしいであろう。本章において、我々は生徒に主体的に語彙の学習に取り組ませることの重要性について述べた。

第2に教師のできることは、リヴァーズも先の引用の中で示唆しているように、語をあらゆる活動の中に含め、あらゆる種類の連合の中で経験させることである。「あらゆる活動に含める」とは、授業において聴いたり話したり、読んだり書いたりする活動の中で語を経験させることである。「あらゆる種類の連合の中で経験させる」とは、語を単にテキストの中に閉じ込めておくのではなくで、それを実生活の経験と結びつけるということである。たとえば rose を「バラ」と記憶するのではなくて、その実物を見て香りをかぎ、また手に触れてみることである。実物によらなくても、我々大人は想像によってヴァーチャルな経験をすることができる。語は学習者の経験と結びつくとき、その人の長期記憶の中に保持されるのである。

第3に、英語の単語の多くは多義であり、基礎的な語ほどそうである。したがって中学・高校のいわゆる「一般コースの英語」においては、単語カードや単語リストによって機械的に記憶するのは得策ではない。生徒が主体的にそのような学習方法を選択する場合は意味もあるが、それが必ずしも最上の記憶法ではない。語はできるだけコンテキストの中で提示され、

意味が理解され、発音され、実際に使用されるのがよい。この方法を支持する証拠は、語の多くが他の語と慣用的に結合して使われることである。英語の母語話者は、連語や語と語の結合に関する膨大な知識を所有しており、言語の使用に際してその知識を最大限に利用する。連語が固定した形で使用されると慣用句やイディオムとなる。また他の語との入れ替えが可能な表現も含めると、英語には実に多くの定型表現が存在する。そのような表現の蓄積なしに英語の使用はほとんど不可能である。教師は授業においてそのような定型的表現の形に生徒の注意を向けさせ、それらがどのように使われるかを意識させることが大切である。この点において、音読が連語や定型表現の記憶と蓄積に最も有効な手段であることについて、本章は特に強調したつもりである。

〈参考文献〉

　語彙指導に関する文献は他の領域に比べると少ないが、最近ようやくわが国にも本格的な研究者が現れた。以下に本章と関連する辞書と文献のみを挙げることにする。

Benson, M., Benson, E., & Ilson, R. 1997. *The BBI Dictionary of English Word Combinations*. (Revised ed.) Amsterdam: John Benjamins.

Carter, R. & McCarthy, M. et al. 1988. *Vocabulary and Language Teaching*. London: Longman.

望月正道・相澤一美・投野由紀夫. 2003. 『英語語彙の指導マニュアル』大修館書店

太田垣正義. 1999. 『英語教育学・理論と実践の結合──語彙指導と語彙研究』開文社出版

Rivers, W. M. 1983. *Communicating Naturally in a Second Language: Theory and Practice in Language Teaching*. Cambridge: Cambridge University Press.

投野由紀夫(編著). 1997. 『英語語彙習得論──ボキャブラリー学習を科学する』河源社・桐原書店

第4章　音読と文法指導

1. はじめに——どんな文法か？

　言語の習得に文法が必要かどうかという議論がある。たしかに母語の習得において、子供は文法を誰からも教わりはしない。だから大人の外国語学習でも文法は不要だという議論は、乱暴にすぎる。第1に、大人の言語習得装置は子供のものとは大きく違う。大人はすでに母語の音韻・統語・意味のシステムを内在化しているので、新しい言語のシステムを素直に受け入れることができない。それゆえ、子供には利用可能な生得的普遍文法が大人には十分に機能しない。第2に、インプット量が子供の場合とまったく違う。子供は目覚めている間じゅうその言語にさらされるが、大人は目標言語にさらされる時間が非常に限られている。したがって、その言語の音韻・統語・意味のシステムを構築するだけの資料が不足している。このような理由で、大人が効率的に外国語を学ぶには文法が必要である。そこで問題は、どのような文法が必要なのか、そしてそれはどのように学んだらよいのか、ということになる。

　まず最初の問題、すなわち大人の外国語学習にはどんな文法が必要なのかの問題を考えてみよう。学校で扱う従来の英文法の多くは8品詞と5文型の枠組から成っていた。むろんそれが役立たないというのではない。しかし、それは概して文法マニアと言ってよい人たちの研究対象であったか

ら、センテンスをまな板に載せて解剖するという解剖学的研究に傾いていたと言える。そこではまずセンテンスをコンテクストから切り離す。周知のように、言葉はすべてコンテクストから切り離されたとたんに死んでしまう。死なないまでも生気を失う。まな板の鯉と同じである。それを解剖して細かく解析するのは、解剖学者の仕事である。英文法学者、特に明治以来の日本の英文法研究者にはそのきらいがあった。だからそのような人たちの考える文法は、概して、文法学者になろうとする人以外には興味のもてるものではなかった。言葉は生き物である。したがって言葉は生きているまま観察しなければならない。鯉をまな板にのせて解剖するのではなく、水の中に泳がせて観察しなければならない。鯉が生きるために水がなくてはならないように、言葉にとってはコンテクストが必要である。コンテクストから切り離された言葉は死んでしまうのである。我々に必要な文法の第一条件は、コンテクストを重視する文法である。

　8品詞と5文型中心の文法におけるもう一つの問題点は、センテンスを語の集まりとして扱っていたことであった。しかし、我々が言語を実際に使用する際に頭の中で処理する単位は語ではない。最近の心理言語学の研究は、人々が発話に際して頭の中に組み立てる単位は「音調群」（tone group）と呼ばれるチャンクであることを明らかにしている。それは1語から成ることもあるが、多くの場合、数語から成るフレーズ、クローズまたは短いセンテンスである。まずそのような単位の枠組を頭の中に作り上げてから、そこに語を挿入していくのである。人々が発話を聴いて理解するときも、そのチャンクを単位に理解していく。書き言葉の産出と理解においても、「音調群」の単位は変わらないと考えてよい。読み書きも基本的には話し言葉を文字に移し替えたものだからである。このように、実際に言葉を使う立場からすると、そのような発話を組み立てる「チャンク」を単位とした文法がよいということになる。

　したがってここで言う「チャンク」は「音調群」とほぼ同じ単位を意味するが、読みの場合の単位としては「センス・グループ」などの呼び方もあり、「音調群」と「センス・グループ」は同じか違うかなどの議論が生じるであろう。そのようなテクニカルな議論(無用とは言わないが、実際的に

はあまり役立たない議論)を避けるためにも、本書ではやや曖昧なニュアンスをもつ「チャンク」を用いているわけである。実際には、それはフレーズやクローズの形を取ることが多いが、フレーズとかクローズとは何かということになると、またテクニカルな議論になってしまう。そこでチャンクとは、「話し手や書き手の頭の中に構想された意味的・構造的にまとまりのある発話の単位」という一応の定義ですませることにする。聴き手や読み手も、結局のところ、話し手や書き手が頭の中に構想した意味的・構造的にまとまりのあるチャンクを単位に理解をするのである。

以上のように、発話(書き言葉では文章)を作り出したり理解したりする実際的言語技能を習得しようとする学習者の必要とする文法は、単語よりも少し大きなチャンクを単位とした文法であり、同時に、それぞれのチャンクがコンテクストの中でどのような使われ方をしているかを示してくれる文法だということになる。我々はそれを「チャンクの文法」と呼ぶことにする。

では、そのような文法をどのように学んだらよいのか、という問題に移る。この問題は、そもそも文法を学ぶということはどういうことなのか、またそれは教えられるのか、という問題につながる。我々はこれを潜在的知識としての文法と顕在的(または明示的)知識としての文法という大きな枠組みで考える。

2. 文法——潜在的知識と顕在的知識

文法知識には2つのタイプがある。第1のタイプは言語使用の実際的知識である。人々は発話を作り出し、また理解する仕方を知っている。そこにはルール・システムの使用が含まれるが、ルールそのものを意識しているわけではない。クモは上手に巣を張るが、巣を張るときにそのルールを意識しないのと同じである。人は自分の母語を使うとき、ルールそのものを意識はしていない。なぜそういう言い方をするのかの説明を求められても、必ずしもうまく説明できるとは限らない。しかし人はみな上手に言葉を操ることができる。つまり、人は自分の母語についての文法を言語使用

の技能として身につけている。その文法はいわば「潜在的言語知識」（implicit linguistic knowledge）である。

　もう一つの知識は、言語学者や文法学者たちが研究している文法である。彼らの目指す文法は、母語話者が身につけている潜在的な言語知識を明示的に記述しようとするものである。そこにはさまざまな記述の仕方があり、その仕方によって文法にはさまざまな種類がある。伝統文法、構造主義文法、機能文法、生成文法、普遍文法など。いずれも記述方法は違っているが、それらの目指すところは母語話者の潜在的言語知識を明示的な形で顕在化しようとするものである。学習者がそれらのルールを学ぶならば、それらは「顕在的(明示的)言語知識」（explicit linguistic knowledge）となる。

　英語の文法がすべて母語話者の潜在的知識として彼らの頭の奥深くに密かに貯蔵されているとすれば、我々はそれを意識的に学ぶことはできない。したがって教えることもできない。我々ができることは、英語の母語話者が言語獲得に使用したであろう方法とルートに従うほかないことになる。昔から、陶芸や工芸のような複雑な技能や技術は口で伝授されるものではなく、師匠に弟子入りして、長い年月をかけて、見様見まねで覚えるものとされていた。たしかに言語の学習にもそんな一面がある。しかし、そのやり方は時間がかかる。しかも、その言語が使われる土地で暮らさなければならない。言うまでもなく、明確に説明できる明示的な知識は口で伝授するほうが能率的である。そういうわけで、母語話者の説明可能な言語知識や、文法学者の明らかにしている文法ルールは大いに利用すべきである。そのような知識は顕在的であるから、教えることも可能である。

　しかしここで注意しなくてはならないことは、明示的知識として説明できるルールを学習者が理解したからといって、それが直ちに技能として使えるようになるわけではないことである。たとえば3単現のルールは明示的知識として説明が可能である。うまく説明すれば、中学校1年生にも理解させることができる。しかしその知識を正しく使えるようになるには、たいてい、かなりの時間を必要とする。明示的知識を自動化するメカニズムはまだ十分に明らかになってはいないが、そのルールを意識せずに正し

く使えるようになるためには、相当量のリハーサルと使用経験が必要なことだけはたしかである。日本で英語を学習する中学生や高校生の大部分は、中学校1年生で学習する3単現のルールさえ自動化するところまでいかないのである。その主な原因は、明らかに、リハーサルと言語使用経験の不足にある。

　このように文法の知識と技能は別である。完全に別であるとは言えないかもしれない。両者がオーバーラップしている部分もあると思われる。最近そのような研究もいくつかなされている。しかし、知識と技能はかなり違っていることは確実である。知識はあったほうがよい。なぜなら、それが技能として自動化される可能性があるからである。しかしもっと重要なことは、技能として獲得されるルールの多くが、必ずしも意識化された顕在的知識となるわけではないということである。このことは母語話者においてはごく普通のことである。外国語学習においては顕在的知識をより多く必要としているが、すべての言語ルールを顕在化して明示的知識とすることは不可能であるから、学習者は、かなりの部分を潜在的な学習に頼らざるを得ないことになる。英語母語話者の潜在的知識をすべて明確な形で示すことは、いかなる文法研究もはるかに及ばないことなのである。

　このことが教育に示唆するところは大きい。日本において英語を外国語として学習している中学生や高校生は、教師や教科書から得る英文法の知識に満足してはならないのである。彼らはたぶん英語の授業で時制や、態や、不定詞の使い方についての知識を得るだろう。しかしそれで英語が使えるようにはならないのである。英語は実際に聴いたり話したり、また読んだり書いたりする経験を積むことによってのみ使えるようになるのである。知識と技能とは別物と考えたほうがよい。そして、はっきりと説明されるルールだけがルールではないのであって、説明されない大切なルールが言語の使用にはたくさん含まれていることに、注意しなければならない。たとえば、本書の第2章に述べられた英語のリズムやイントネーションなどのかなり複雑なルールは、授業ではあまり説明されないかもしれない。しかしそれらのルールを身につけなければ、英語らしく話すことができないのである。それらのルールのあるものは説明が可能である。しかし説明

されても練習してそれを技能として身につけなければ、あまり役には立たないであろう。しかも複雑なルールは、ヒントくらいは与えることができるかもしれないが、それらを明確な形で示すことがむずかしい。そういうルールはどうするか。それらは学習者自身の言語使用経験の中で少しずつ気づいて、潜在的な知識として蓄積していくほかにどんな方法があるであろうか。

　ここまでくると、音読がいかに有意味なリハーサルとなるかが理解されると思う。英語テキストの音読には3つの大きなメリットがある。第1にそこに含まれる言語単位(チャンク)がコンテクストの中で提示されること、第2に英語の音韻、語彙、統語のシステムに関する明示的知識がリハーサルによって自動化され、技能として統合されること、第3にネイティブ・スピーカーが所有している顕在化できない言語知識を、外国語学習者自身が気づくことによって、その中身を共有できるチャンスがあること。

3. チャンクの文法

　発話の単位としてのチャンクにはどのような種類があり、それらはどんな構造的な特徴をもっているかを見てみよう。ここでの記述は文法論で言う句構造文法(phrase-structure-grammar)を基礎としているが、構造主義文法や生成文法などの枠組みにはとらわれない。これはあくまで音読指導を中心に置いた実用のための文法である。なお用語はなるべく伝統的な学校文法に従う。

語、フレーズ、クローズ, センテンス

　発話の中でチャンクを構成する要素は語、フレーズ、クローズ、センテンスの4種類である。次の対話を見てみよう。(斜線はチャンクの切れ目を示す)

　　（a）　Kumi :　How can I get to your house? /
　　　　　John :　When you come out of the station, / turn right. /

Kumi :　Yes. /
John :　Walk one block / and then turn left. / Keep walking for about twenty meters / and you'll find my house on your left / . . . between a fruit store and a restaurant. /
Kumi :　Between a fruit store and a restaurant. / O.K. / Thank you, John. /　　　　　　　(*Sunshine English Course* 3)

ここでチャンクをなすものを（1）語、（2）フレーズ、（3）クローズ、（4）センテンスの4種類に分類してみる。

（1）　Yes; O.K.
（2）　between a fruit store and a restaurant; Between a fruit store and a restaurant（repeated）
（3）　When you come out of the station; turn right; walk one block; and then turn left; Keep walking for about twenty meters; and you'll find my house on your left
（4）　How can I get to your house?; Thank you, John.

　上の分類は必ずしも自明ではない。つまり分類する人によって違ってくる可能性がある。たとえば Yes と O.K. を語に分類したが、これらはセンテンスと見なすこともできる。発話者の心理からするとセンテンスと見なすほうがよいとも言える。また Thank you, John をセンテンスとしたが、これは定型的なチャンクでフレーズと見なすこともできる。しかしそういう議論は実用的見地からは無用である。その議論は文法マニアにまかせて、話を先に進める。
　以下に上の4つの分類法に従って、それぞれについて少しくわしく見てみたい。

語のチャンク
　単独で発話される可能性があり、またセンテンスの中で前後で区切ってチャンクとなり得る語はだいたい内容語である。内容語の代表的なものは

名詞、動詞、形容詞、副詞であるが、これに文強勢を受ける指示・所有代名詞、疑問詞、数詞、否定詞、間投詞を含めてよいであろう。Yes や O.K. の品詞はどうでもよいが、強いて言えば副詞であろう。これに対して文強勢を受けない機能語は単独では発話の単位にはならないし、文中で単独でチャンクをなすことはない。

ついでながら、文頭や文尾の副詞はよく単独でチャンクをなす。

Today / I'm going to talk about Australia.
Usually / Tom comes late. [Tom comes late, / usually.]

フレーズのチャンク

　フレーズには名詞句、動詞句、形容詞句、副詞句、前置詞句などがある。この分類も厳密にしようとすると大変なことになるが、発話のチャンクをつくるフレーズはこの5種類でだいたいカバーできるであろう。先に挙げた（a）の対話では、フレーズは前置詞句だけであった。
　そこで他の種類のフレーズをも含むテキストを次に挙げてみよう。

（b）　About five thousand years ago, / in a hot land in the Middle East, / someone had the wonderful idea / of using pictures to stand for spoken words. / With rows of pictures that stood for words, / people could put down stories/and keep historical records. / Pictures that stand for words / are called "pictographs." / This word simply means "picture writing." / The first people to use pictorgraphs / were the Sumerians. /

（*Sunshine English Course* I）

ここにはいろいろなフレーズがチャンクとして使われている。名詞句、動詞句、前置詞句、副詞句、形容詞句の順に調べてみよう。
〈名詞句〉
　テキスト（b）のチャンクで名詞句と言えるものは次の2つである。

（c）　Pictures that stand for words

(d) The first people to use pictographs

これらはいずれもセンテンスの主部をなしている。そして(c)は主語の名詞 pictures の後に修飾の関係詞節が付いている。(d)は主語の名詞 people の前に限定詞 the と限定形容詞 first が、そのあとに修飾の不定詞句が付いている。このように、名詞句は名詞を中心とし、その前後に限定詞や修飾の語句(形容詞、不定詞、関係詞節など)が付いた形をしている。名詞句がチャンクとして最も頻繁に現れるのは、この例のように、センテンスの主部をなす名詞句である。

〈動詞句〉

テキスト(b)の中で動詞句と言えるものは次の3つである。

(e) (and) keep historical records
(f) are called "pictographs"
(g) were the Sumerians

これら3つはいずれもセンテンスの中で述語をなす部分であり、「動詞+名詞(句)」の形をしている。(e)は接続詞 and に続く動詞句で、他動詞 keep のあとの名詞句は目的語である。(f)の動詞は受身形で、その後の名詞は補語である。また(g)は「be+補語」の形である。このように動詞句はセンテンスの中で述語を構成するフレーズで、動詞が中心となってそのあとに目的語や補語の名詞句を従えるのが典型的な形態である。

〈前置詞句〉

(b)のテキストでは前置詞句が非常に目立つ。前置詞句のチャンクは次の3つである。

(h) in a hot land in the Middle East
(i) of using pictures to stand for spoken words
(j) with rows of pictures that stood for words

前置詞句は前置詞を中心とし、そのあとに名詞(句)を従える形である。(h)は前置詞 in のあとに a hot land という名詞句が続き、さらにそれに in the Middle East という修飾の前置詞句を伴っている。(i) は前置詞 of に using pictures という名詞句が続き、さらにそれに修飾の不定詞句が付いている。(j) は前置詞 with に rows of pictures という名詞句が続き、その名詞句に修飾の関係詞節が付いている。センテンス内における前置詞句全体としての働きを見ると、(h) と (j) が副詞句であり、(i) はその前の名詞句を修飾する形容詞句である。

〈副詞句〉

　テキスト (b) のチャンクで副詞句と言えるのは、次の (k) だけである。

　(k)　about five thousand years ago

チャンクをなす副詞句は、この例のように、文頭(または文中、文尾)で時(または場所)を表すものが多い。それらのフレーズは、この例でもそうであるが、定型的なチャンクがほとんどである。副詞句の多くは前置詞句の形を取ることが多い。また、(b) のテキストには見られなかったが、不定詞句や分詞句が副詞句として用いられることも珍しくない。

〈形容詞句〉

　テキスト (b) には、形容詞句がチャンクとなっている例はない。しかし (i) の前置詞句は形容詞句でもあるから、ないわけではない。形容詞句はそれが修飾する名詞に付着するわけなので、単独でチャンクを構成することは比較的少ないと思われるが、前置詞句のほかに、不定詞句や分詞句が時に現れる。

クローズのチャンク

　クローズがフレーズと違うことろは、クローズはその中に「主語＋述語」の形式を備えていることである。クローズは主節、従節(または従位節)、および等位節の3種類に分けられる。

〈主節と従節〉

　テキスト (a) には主節と従節がそれぞれチャンクをなしている次の例がある。

　(1)　*When you come out of the station*, / turn right. /

この文ではイタリック体の部分が従節で時を表す副詞節である。従位接続詞 when が従節を導いている。turn right が命令形で主節をなしている。

〈従節の種類〉

　従節には (l) のような副詞節のほかに名詞節と形容詞節がある。テキスト (a) (b) にはそれらの例が見られないので、(b) に続くテキストの中から一つずつ例を拾うことにする。(m) のイタリック体が名詞節、(n) のイタリック体が形容詞節である。

　(m)　The Sumerians found / *that it was easier to draw only straight lines.*
　(n)　For more than two thousand years, / the cuneiform writing was used by many peoples / *who lived in the same part of the Middle East.*

(m) の名詞節は主節に埋め込まれた形で、動詞 found の目的語の役目をしている。接続詞 that がその節を導いている。名詞節を導く標識としては、that のほかに疑問詞がよく現れる。これに対して (n) の形容詞節は who に導かれる関係詞節である。形容詞節の大部分は関係詞節である。

〈等位節〉

　等位節はセンテンスが and や but や or などの等位接続詞によって結ばれたものである。テキスト (a) に and (および and then) で結ばれた 2 つの例がある。

　(o)　Walk one block / *and then* turn left.
　(p)　Keep walking for about twenty meters / *and* you'll find my house on your left / ...

センテンスのチャンク

　ひと息で言うことのできるセンテンスは、平叙文、疑問文、感嘆文、命令文のどれであっても、一つのチャンクを形成する。テキスト (a) には 2 つのセンテンスのチャンクがあった。

（q） How can I get to your house?
（r） Thank you, John.

How can I get to . . . ? と Thank you, . . . のいずれも定型表現である。会話的表現にはこのようなものが多いが、これらを「定型チャンク」と言ってよいであろう。

4. 文法的連語と定型表現

　前章において我々は「語彙的連語」(lexical collocations) を 8 つのタイプに分類し、それぞれについていくつかの例を挙げて考察した。そこで扱った連語は、名詞と形容詞、動詞と副詞、前置詞と名詞のような比較的に単純な形のものだけであった。ここでは、より複雑な文法構造を中に含むものを扱う。すなわち、名詞、形容詞、動詞などが中心となり、それらに前置詞句、不定詞句、クローズなどの文法構造を伴う形である。ここでは *The BBI Dictionary of English Word Collocations*（1997）の分類に従い、そのような連語を「文法的連語」(grammatical collocations) と呼ぶ。

　BBI の辞書は文法的連語を 8 つのタイプに分け、第 8 のタイプをさらに 19 の「動詞パタン」に細分化している。我々は「動詞パタン」は別の項目として切り離して扱うこととし、それらを除く 7 つのタイプをここで取り上げる。ただし前置詞句は語彙的連語に移してすでに扱ったので、ここでは次に挙げる 6 つのタイプの連語を取り上げる。

（1） 名詞 + 前置詞（+ 名詞句）
（2） 名詞 + to（+ 不定詞）
（3） 名詞 + that（+ 名詞節）
（4） 形容詞 + 前置詞（+ 名詞句）
（5） 形容詞 + to（+ 不定詞）
（6） 形容詞 + that（+ 名詞節）

以下にそれぞれの連語の例を挙げる。

名詞 + 前置詞

　名詞と連語をなす前置詞で最もよく現れるのは of である。それによって主格や目的格や所有格の概念を表すことができる。それ以外の前置詞では名詞との相性があり、名詞の性質によって特定の前置詞が好まれる。ここでは agreement と連語をなすものだけを例として挙げておく。

(a)　We've found an *agreement of* views.
(b)　We've reached an *agreement about* [*on, over*] the matter.
(c)　He broke an *agreement with* me.
(d)　They established a bilateral *agreement between* them.

名詞 + **to** 不定詞

　名詞とそれを修飾する to 不定詞との結合で、次はその典型的な例である。

(e)　We have the *right to* do it.
(f)　They made an *attempt* [*effort*] *to* do it.
(g)　There was a pressing *need to* do it.

なお、It's a pleasure to... のような表現は、上の例と似ているが統語的に異なる。これは形式主語の it で始まる定型表現と見なすのがよいであろう。

名詞 + **that** 節

　この that 節は名詞節で直前の名詞と同格をなす。なおこの場合、発話の単位としては that の前で区切ることができる。

(h)　They reached an *agreement that* they should act immediately.
(i)　We face the *fact that* some officials are corrupt.

ここで (i) は次のような慣用的な表現と関連している。

(j)　*The fact is that* some officials are corrupt.

（k）　*It's a fact that* some officials are corrupt.

形容詞 + 前置詞
この場合の形容詞は常に叙述的に用いる形容詞である。

（l）　She's *angry [furious, mad] at* what you said.
（m）　They are *afraid [ashamed, envious] of* you.

なお fond of のように常に「形容詞 + 前置詞」の形で用いるものがある。それらは慣用句と見なしてよいであろう。また ashamed of と同様に、interested in や disappointed at [with] のような過去分詞と前置詞の結合もここに含める。

形容詞 + **to** 不定詞
この場合の形容詞も叙述的に用いる形容詞である。interested や disappointed などの過去分詞もここに含める。

（n）　She is *afraid [ashamed, ready, willing] to* go.
（o）　I was *amazed [disappointed, interested, surprised] to* see the results of the experiment.

なお、likely のように単独では使われず、常に to 不定詞を伴う形容詞もある。また It's important [necessary] to... のような表現がよく使われるが、これは（n）（o）の例とは統語的に異なる。形式主語で始まる定型的な表現と見なされる。

形容詞 + **that** 節
ここでの形容詞は、前の「形容詞 + to 不定詞」に現れた形容詞・過去分詞のあるもの（afraid, ashamed, amazed, disappointed, surprised）をそのまま使うことができる。

（p）　I was *afraid that* I would fail the examination.

(q) She is *ashamed* [*disappointed, surprised*] *that* you have failed the examination.

なお、It's important [necessary] that ... のような表現も形容詞と that 節の結合であるが、これは形式主語で始まる定型表現の一種である。

5. 動詞パタンと連語、定型表現

わが国では5文型というのが有名で、現在でも英文法の基本は5文型と信じて疑わない人がいるようである。文型というのは結局は動詞のパタンである。5文型は簡潔で便利ではあるが、すべての動詞のパタンをわずか5種類に分類するのは無理がある。*OALD* はホーンビーの考案した「動詞パタン」（verb pattern）に基づいて、すべての動詞の項目に、それぞれの動詞がどのパタンに使われるかを示している。そのパタンの数は *OALD* 第6版（2000）では22である。それらは英語学習者がじっくりと研究すべき文法項目である。なぜなら、動詞のパタンを知らずにセンテンスを組み立てることは不可能だからである。動詞はまさにセンテンスの心臓とも言うべきものである。しかし *OALD* の動詞パタンは数が多いためか、5文型ほどポピュラーではないのはまことに残念である。

我々は前章において、「動詞＋名詞(句)」および「動詞＋副詞」のパタンで連語をなす語の組み合わせについては、語彙的連語のタイプとしてすでに取り上げた。ここでは、それ以外の動詞パタンで連語または定型的表現として扱えるものを取り上げる。先にも挙げた *BBI* の連語辞書は動詞パタンを19に分類し、それぞれのパタンで連語をつくる語の組み合わせを示しているので、それをも参考にする。

ここでは次の11の動詞パタンを取り上げる。

（1）　自動詞＋前置詞句
（2）　他動詞＋名詞句＋前置詞句
（3）　自動詞＋名詞句（または形容詞）
（4）　他動詞＋名詞句＋形容詞

（ 5 ） 他動詞(＋名詞句)＋that 節
（ 6 ） 他動詞(＋名詞句)＋wh 節
（ 7 ） 他動詞＋to 不定詞
（ 8 ） 他動詞＋名詞句＋to 不定詞
（ 9 ） 他動詞＋名詞句＋原型不定詞
（10） 他動詞＋-ing 形
（11） 他動詞＋名詞句＋-ing 形

以下にそれぞれの動詞パタンのつくる連語や定型表現をいくつか挙げるが、それらは膨大な資料の中の少数のサンプルにすぎない。

自動詞＋前置詞句

自動詞が特定の前置詞と結びつく形である。walk in the park では動詞と前置詞句は自由結合であるが、次の（a）では前置詞句は義務的であり、動詞と前置詞は強固な結合をなす。(b) では前置詞句は義務的ではないが、この句動詞（catch up）と前置詞（with）の結合はかなり慣用的である。

（ a ） The committee *consists of* eight members.（＊The committee consists.）
（ b ） He is working hard *to catch up with* the others.

他動詞＋名詞句＋前置詞句

play tennis in the park では動詞と前置詞句は自由結合であるが、次の例では義務的である。ただし (c) の動詞では前置詞は of に決まってしまうのに対して、(d) の動詞では他のいくつかの前置詞とも結びつく。

（ c ） We *assured him of* our support.
（ d ） David *drove me to* [*from, out of, through*] the airport.

また二重目的語を取る動詞の場合、間接目的語が後置されると前置詞 to または for がその動詞と連語をなす。すると、この動詞パタンになる。

（ e ） Peter *sent a bouquet to* Mary.（cf. Peter sent Mary a bouquet.）

(f) Mary *bought a shirt for* him. (cf. Mary bought him a shirt.)

自動詞 + 名詞句（または形容詞）

この場合の自動詞は連結動詞（linking verbs）と呼ばれるもので、その後に補語を必要とする動詞である。become, look, smell, sound, taste などが代表的なものであるが、次のような定型的な表現をつくる。

(g) Jane will *become a doctor* [*a lawyer, a beautiful woman*].
(h) Those dishes *look* [*smell, taste*] *nice*.

他動詞 + 名詞句 + 形容詞

他動詞が目的語の名詞句と補語の形容詞を伴う動詞パタンである。このパタンも次のような定型表現をつくる。

(i) I *found the book boring* [*interesting*].
(j) They *painted the wall blue* [*green, pink, white*].

他動詞(+ 名詞句) + **that** 節

that で始まる名詞節が目的語の位置にくる動詞パタンである。動詞のあとにすぐ that 節が続く場合と、間に間接目的語の名詞や代名詞が入る場合とがある。前者には say, think, believe など、後者には tell, inform など多くの他動詞がある。また suggest のように間接目的語に to を必要とするものもある。

(k) I *think* [*believe, suppose*] *that* I have met you before.
(l) She *said* [*promised, told me, suggested to me*] *that* she would come the next day.

上の (k) (l) では接続詞 that は省略できる。しかし次の動詞では that は省略できない。*OALD*（第 6 版）では、that が省略できるかどうかで別の動詞パタンに分類している。

(m) The manager *answered* [*replied, responded*] *that* he was not in a position to comment.

他動詞(+ 名詞句)+ **wh** 疑問節

疑問詞で始まる名詞節が目的語の位置にくる動詞パタンである。ask, decide, know, wonder など多くの他動詞がある。

(n) I *wonder how* [*when, where, why*] he did it.
(o) He *asked me what* [*who*] made me angry.
(p) She could not *decide whether* [*if*] she should begin or not.

他動詞 + **to** 不定詞

to 不定詞を目的語とする動詞の数は多い。begin, decide, hope, like, wish, want など。中でも want to の使用頻度は高く、くだけた口語では wanna となる。

(q) I *like* [*hope, wish, want*] *to* swim in the ocean.

他動詞 + 名詞句 + **to** 不定詞

tell, ask が、このパタンに最もよく使われる動詞である。動詞の後の名詞句(目的語)は、次にくる不定詞の意味上の主語である。なお、次の(r)と(s)は形式的には同じパタンであるが、(r)は動詞と目的語の関係が密接であるのに対して、(s)は目的語と不定詞の関係がより密接である。

(r) The teacher *asked* [*told*] *us to* attend the meeting.
(s) We'd *like* [*love*] *you to* come and visit us.

他動詞 + 名詞句 + 原型不定詞

感覚動詞(feel, hear, see, etc.)や使役動詞(make, have, let, help, etc.)のパタンである。次のようなものを定型表現と言えるかもしれない。

(t) We *felt the earth shake*.
(u) Did you *hear the phone ring*?

他動詞 + -ing 形

このパタンをつくる動詞には enjoy, keep, stop などがある。need は (w) のような定型表現で用いる。

(v) We *enjoyed* [*kept*] *talking* while driving along the beach.
(w) Our house *needs painting*.

他動詞 + 名詞句 + -ing 形

このパタンで使う動詞は、感覚動詞のほかに keep, hate などがある。

(x) They *kept me waiting* two hours.
(y) I *hate people watching* when I practice.

6. まとめ

本章に述べたように、文法には顕在的知識と潜在的知識とがあり、母語話者のもっている言語知識の多くは潜在的で、説明可能な明示的知識は一部にすぎない。言語学者は母語話者の潜在的知識を顕在化し、明示的なルールとして体系化しようとしている。しかしそれとても、母語話者のもっている膨大な潜在的知識の量からすると一部にすぎないと思われる。このように言うと、これまで多くの人々の努力によって成し遂げられた言語研究の成果を冒瀆するものと非難されるかもしれない。たしかに 20 世紀に(特に後半に)言語および言語習得の研究に注がれたエネルギーは莫大であり、そこでは数多くの言語的事実が明らかにされた。しかし、まだまだ満足できるところまで行っているとは言えない。その証拠に、第 2 言語や外国語の学習が、以前よりもいくらか進歩したであろうか。社会的・環境的状況はたしかに変化している。進歩した面もあるであろう。しかし日本の英語教育に関する限り、人々の英語学習がそれらの研究によって目に見える進歩をしたという確証はないように思われる。その一つの大きな要因は、疑いもなく、言語研究および言語習得研究がまだ応用の域にまで達していないことにある。

人々が言語を使用する際に利用する膨大な知識の多くは、チョムスキーらの普遍文法の存在にもかかわらず、人々の日々の言語使用経験によって獲得されるものである。人がそのような学習能力を生得的に与えられていることは疑いのないところである。特に母語話者の語彙や文法の発達は、彼らが毎日の言語使用の中で繰り返し生起する一定の語の組み合わせや定型表現にさらされ、それらを蓄積していくことによって自らも使えるようになるのである。Oxford Dictionary of Current Idiomatic English の編者のひとりであるカウイ（Cowie 1988）は、母語話者が言語の使用に際して、創造性を発揮する前にいかに安定した定型表現に習熟するかを、次のように述べている。

　"... much of the lexical competence of mature native speakers has developed through exposure to precisely those established meanings and fixed word combinations whose recurrence characterizes day-to-day lexical performance."　　　（Carter and McCarthy, ed., p. 137）
　［成熟した母語話者の語彙的能力の多くは、日常の語彙運用において繰り返し現れ、それが日常の言語運用の特徴をなしている、まさにそのような既成の意味と安定した語彙結合にさらされることによって、発達してきたのである。］

　しかし我々はここで大きな問題に直面する。すなわち、英語を外国語として学ぶ我々の生徒たちは、日常的な言語運用の機会が乏しいということである。したがって母語話者のような言語発達はとうてい望むべくもない。これは常に外国語学習の大きな問題である。どうしたらよいか。まず週に3回か4回の学校での授業を最大限に活用することである。そして授業で学んだ知識を身につけるために、生徒各自が言語運用につなげるための自己訓練をすることである。あまりにも平凡な答えであるが、これ以外にどんな方法があろうか。問題は授業の内容と生徒の自己訓練の中身である。
　学校での授業を生徒にとって有効な学習とするするためにはどうしたらよいか。学校の授業も生徒の学習もたいてい教科書を中心に進められるから、教科書を最大限に利用するのが得策である。むろん教師の考えで教科書に代わる教材を使用してもかまわない。とにかく教科書のテキストまた

はそれに代わるテキストの利用を前提とする。すると、これも平凡な答えであるが、授業で必ずやるべきことは次の3つである。

（1） 生徒はテキストの内容を理解する。内容の理解は、意味の理解が中心である。形式(すなわち文法)については、意味の理解に必要な明示的知識だけを与えられる。特に定型チャンクに注意を向ける。
（2） 生徒は、意味の理解したテキストを正しく音読できるようにする。時間の関係で、流暢さよりも正確さを重んじる。音読のモデルを参考にして、生徒は自分で読み方を研究する。
（3） 生徒は、各自の自己訓練の成果を発表する機会を与えられる。そのあと教師や他の生徒たちからコメントをもらう。

次に、生徒の自己訓練はもっぱら音読である。自分で音読する場合の留意点は以下のようである。

（4） 授業では正確さに重点を置いたが、ひとりで練習するときには流暢さを意識する。同じテキストを毎日数回繰り返す。
（5） 無理に暗記しようとしなくてよいが、キーワードを見てセンテンスが流暢に出てくるまで練習する。
（6） 授業で発表の機会が与えられたならば、ベストをつくしてそのチャンスをいかす。

ここに述べた学習法は、学校の授業と生徒の自己訓練を統合することによって、英語を音声言語として身につけさせることをねらいとしている。文法は大切である。テキストの意味を理解するのに必要な単純な文法知識は、授業でも与えられる。しかしすべての複雑な文法を明示的に説明することは、理論的にも実際的にも不可能である。文法をさらに拡大して音声や語彙のシステムまで含めると、その知識は膨大なものとなる。それらをすべて教えるわけにはいかない。実際には、それらのうちから必要なものを生徒各自に気づいてもらうしかないのである。というと無責任のように聞こえるが、人間には気づくという能力が与えられているのであり、その

ことを教育者は信じるべきである。自分が教えないことを生徒が気づくはずがないという考えは、教育者の傲慢であろう。幼い子供は、誰に教わらなくても自分の言語の複雑なルールに気づいていくではないか。

　生徒は音読の自己訓練を通して、授業で教えられなかった語彙や統語や音声のシステムに気づいていく。読むテキストにはコンテクストが与えられている。この点で、音読はいわば言語運用のシミュレーションなのである。コミュニケーションの相手が容易に得られない外国語の環境の中で、ほかに音読以上によい方法があるであろうか。

　本章は音読の単位であるチャンクの指導に関連して、パタン化された語の組み合わせを中心に見てきた。ここで我々が気づいたことは、そういう語の組み合わせにも大切な文法があること、またネイテイフィブ・スピーカーがそうであるように、外国語として英語を学ぶ我々もまずそのような英語表現を数多く蓄えなければならないことである。人間の言語の使用はたしかに創造性が特徴である。しかし、ここで言う創造とは無から有を生み出すことではない。まず使える材料を蓄えなければどうしようもないのである。言語使用の素材は、決まった語の組み合わせ、すなわち定型チャンクなのである。

〈参考文献〉

　英文法およびその指導法に関する文献は枚挙にいとまがない。しかし本章で述べた文法は、チョムスキーの言う言語の創造的使用という側面を尊重しながらも、そこから漏れている言語の規範的側面に焦点を当てている。たとえて言うと、煉瓦づくりの家を建てるのに、言語学者は一般に煉瓦の組み立て方に関心があるのに対して、我々はむしろ煉瓦そのものの作り方と貯蔵の仕方に関心がある。とにかく煉瓦という材料がそろっていなくては、家の建て方だけ知っていてもどうしようもない。そういうわけで、辞書以外には、我々に役に立つ文法書は今のところそれほど多くはない。

Benson, M., Benson, E., & Ilson, R. 1997. *The BBI Dictionary of English Word Combinations*. (Revised ed.) Amsterdam: John Benjamins.

Cowie, A. P. 1988. 'Stable and Creative Aspects of Vocabulary.' In Carter, R. & McCarthy, M. et al. *Vocabulary and Language Teaching*. (pp. 126–39) London: Longman.

Cowie, A. P. & Mackin, R. 1975. *Oxford Dictionary of Current Idiomatic English*. Volume 1: Verbs with Preposition & Particles. London: Oxford University Press.

Cowie, A. P., Mackin, R. & McCaig, I. R. 1983. *Oxford Dictionary of Current Idiomatic English*. Volume 2: Phrase, Clause & Sentence Idioms. Oxford: Oxford University Press.

Hornby, A. S. 2000. *Oxford Advanced Learner's Dictionary of Current English*. (6th ed.) Oxford: Oxford University Press.

第5章　音読からスピーチへ

1. はじめに

　この章から音読の具体的指導法に入る。音読は、最初に述べたように、それ自体が目的ではない。我々はアナウンサーやニュースキャスターを養成しようとしているのではない。英語コミュニケーションの基礎的能力を養成しようとしているのである。音読はコミュニケーションの基礎的能力を養うのに有効な手段ではあるが、それ自体が目的ではない。ちょうどそれは野球選手がオフシーズンにランニングをして基礎体力をつけ、バッティングやフィールディング練習を行なって実践に備えるのに似ている。

　本書の第6章「中学・高校における実践例」のために資料を提供してくださった久保野氏の授業では、音読にかける時間が相当に長い。参観者から「ずいぶん音読練習にかける時間が長いですが生徒は飽きませんか」という質問をよく受ける。それに対して卓球部の顧問をしている久保野氏は、卓球部の生徒に「君たちは毎日卓球の練習をしていて飽きないか」と尋ねることはないと答えている。どうして部活動では単純な基礎練習の繰り返しを飽きさせることなしに継続することができるのか。部活動の名指導者と呼ばれる人たちの指導を見ていると、ある共通点に気がつく。それは次の2点である。

①　長期的な目標を提示し、それに至る短期的な目標を具体的に提示している。
②　目標達成のための練習方法を納得できるように示し、「上達した」という手応えを与えている。

　上の2つの指導原理を音読に応用するとどうなるであろうか。①の音読の長期的目標と短期的目標はどんなものであろうか。そもそも音読の目的とは何であろうか。また②の「上達した」という手応えを感じさせることは動機づけの上で非常に重要である。生徒たちが「上達した」という感じをもてなくては、彼らの努力は長続きしない。そのような達成感や成就感をもたせるにはどうしたらよいであろうか。本章はまずこれら2つの重要な問題から考えることにする。

2.　音読の目標と動機づけ

　通常の音読は、意味が十分に理解できたテキストを声に出して読む。意味がわからないテキストは、日本語の場合でも、正しく音読することはむずかしい。時にはほとんど不可能である。意味を取ることと音読することは心理学的に別のプロセスであり、これら2種類の仕事を同時に行うことは、音読に熟練したアナウンサーでもむずかしい。いま入ったニュースをいきなり読むような場合には、しばしば言い誤りや言い直しがある。通常、ほんの一瞬ではあるが、黙読しておよその意味を取ってから読み始める。したがって、外国語である英語の授業ではじめてのテキストを何の準備もなしに音読するというのは、生徒の予習を前提としているような場合を除いては、ほとんど見られないはずである。このように、音読はテキストの内容の理解が前提であるから、通常の授業では音読は授業の後半に行われる。
　ということは、音読というのは「読解活動」というよりも音声による「表出活動」と言ってよい。その意味で、それはリーディングというよりはスピーキングの活動である。「読解活動」ならば声に出して読む必要はまったくない。音読はすでに繰り返し述べたように言語の音韻・語彙・統語な

どの基礎的能力を養うものであるが、それと同時に、やがて必要とされる本格的スピーキング活動に備えるためのものでもある。別の言い方をすれば、それはスピーキングのトレーニングをしながら言語の基礎的能力を養成するためのものである。野球選手のバッティング練習を例に取ると、音読はバットの素振りのようなものと言えるであろう。それはその活動自体が目的ではなくて、あくまで実戦で投手のボールを打つためである。それは他人から見るといかにも退屈な活動であるが、本人にとっては、バッティングに必要な筋肉と体力をつくると同時に、実戦におけるバッティングのイメージをつくるのに重要な活動である。この練習なくして優秀なバッターは生まれない。次に選手はバッティングケージに入って投手の投げるボールを打ち返す練習をし、さらに実戦的な練習試合へと進めていく。音読をスピーキング活動における「素振り」と位置づけることによって、音読の役割を明確にし、それを実戦的なスピーキング活動に結びつけるための目標を明らかにすることができるように思われる。

音読の目的をこのように捉えると、我々は音読活動の目標を大きく次の2段階に分けることができる。

第1段階：音声的な正確さと流暢さを目指す活動
第2段階：レシテーション、スピーチ、スキットなどの発表活動を目指す活動

第1段階ではまず音声的な正確さが重要である。正確さを増すためにある程度の試行錯誤はやむを得ない。これが教室での音読活動の中心をなす。個人で「素振り」ができるようになるために必要なプロセスであり、指導者の適切な助言が必要な段階である。ついで流暢さを増すための個人的なトレーニングが重要である。正確に読めるようになったテキストを、他の人に聞かせることができる程度に流暢に読めるようにすることが目標になる。この活動は個人による反復練習が必要であり、生徒にとっては継続的努力が要求される厳しい活動である。その努力を維持させるためには、教師による適切な動機づけが大きな役割をはたす。生徒にとっては、それまで困難を感じていた個所がすらすら読めるようになったという達成感や進

歩の自覚が重要だからである。

　第2段階は発表のためのリハーサルである。したがってそのプロセスはほとんど個人的な活動である。バッティング練習で言えばケージに入って打つ練習である。レシテーションは正確かつ流暢に読めるようになったテキストを暗記することであるが、大切なことは暗記することではなくて、テキストの内容を他の人々に理解してもらうように話すことである。それが自分の書いたテキストであれば、それはたちまちスピーチとなる。そしてそのテキストの内容について他の人々とディスカッションできるようになれば、それはもはや高度なスピーキング活動であり、コミュニケーション活動である。

　レシテーションやスピーチのリハーサルはなかなか根気のいる仕事なので、そこにはやはり動機づけが必要である。その動機づけは、これまでの多くの学習者からの証言から、発表活動を通して与えられる。野球選手がバットの素振りやケージ内でのバッティング練習ばかりでなく、ときどき練習試合に出て日頃の練習成果を試し、自分のバッティングの長所・短所に気づいて進歩を確認するとともに、実戦の勘を身につけることが必要なように、英語を学ぶ生徒たちも、ときどき発表の機会を与えられることによって、日頃の練習成果を試し、自分の進歩の状態を確認し、実際のコミュニケーション活動をイメージすることが必要である。そこで得られる自信や自己に対する有能感が、さらに苦しいトレーニングに耐える原動力になるのである。

　以上に述べたように、音読はテキストの理解とスピーキングの発表活動を結ぶ一連のトレーニング活動と位置づけることができる。それぞれの活動には生徒自身による内的動機づけと教師による適切な助言や援助が必要である。また、それぞれの活動には学習者自身によるフィードバックがなされる。図5–1はそれらの関係を視覚的に示したものである。すなわち、第1段階の正確さ・流暢さを目指す音読はテキストの理解が前提となっており、テキストの理解が不充分であれば正確かつ流暢な音読はできない。したがって、ここでの音読練習はテキストの理解を確認しながら進めることになる。同様に、第2段階の発表活動を目指す音読は第1段階の正確

さ・流暢さの基礎的トレーニングが前提となっている。第1段階ではテキストを見ながら練習したが、ここではテキストを見ないで言えるようにしなければならない。さらに、レシテーションやスピーチなどの発表活動を行うには、その前の第2段階の音読が十分になされていなければならない。発表活動の成果はただちに第2段階の音読トレーニングの方法や回数に反映されるはずである。生徒がそれぞれの活動について適切なフィードバックをなすためには教師の助言やコメントも重要であるが、最終的な評価は生徒自身の判断による。すなわち、生徒自身が自分の行動を評価し、フィードバックの方法を決めるのである。

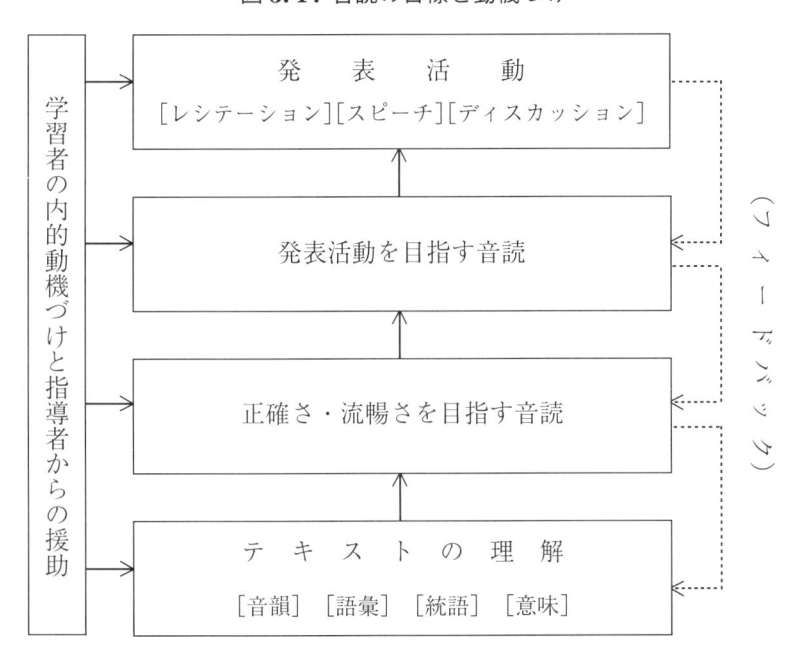

図 5.1: 音読の目標と動機づけ

```
┌──────────────┐  ┌─────────────────────────────────┐
│学            │  │        発　表　活　動           │ ┐
│習            │→│ ［レシテーション］［スピーチ］  │ │
│者            │  │      ［ディスカッション］       │ │
│の            │  └─────────────────────────────────┘ │
│内            │                ↑                     │（
│的            │  ┌─────────────────────────────────┐ │フ
│動            │→│     発表活動を目指す音読        │←┤ィ
│機            │  └─────────────────────────────────┘ │ー
│づ            │                ↑                     │ド
│け            │  ┌─────────────────────────────────┐ │バ
│と            │→│    正確さ・流暢さを目指す音読   │←┤ッ
│指            │  └─────────────────────────────────┘ │ク
│導            │                ↑                     │）
│者            │  ┌─────────────────────────────────┐ │
│か            │  │      テ　キ　ス　ト　の　理　解 │ │
│ら            │→│  ［音韻］［語彙］［統語］［意味］│←┘
│の            │  └─────────────────────────────────┘
│援            │
│助            │
└──────────────┘
```

3. テキストの理解

　英語の授業における音読は、これまで再々述べてきたように、テキストの理解を前提とする活動である。我々の考えでは、音読という活動は、テ

キストの理解があってはじめて可能になるのである。もちろん例外もある。たとえば非常にやさしいテキストで、その内容がだいたいわかっているような場合には、音読しながら意味を理解する、あるいは意味を理解しながら音読するということが可能である。親が子供に絵本を読んで聞かせるような場合がそうである。それでもはじめて読む絵本では、必ずしもうまく読めるとはかぎらない。ときどき読み間違えたりつかえたりする。しかし、外国語である英語のテキストを初見で音読することはたいへんむずかしい。そこまで自分の教えている生徒を教育することを望む教師は少ないであろう。

そこで、テキストの理解をどのように指導するかをまず述べなければならない。しかし、実際のところ、これまでの英語の授業研究の多くは、まさにこの課題に取り組んできた。どのようにしたら決められたテキストを最も効率的に生徒に理解させることができるだろうか？——これこそ英語教師の最大関心事であり、プロの教師たるもの、この問題は一瞬たりとも頭から離れることはないのである。

テキスト理解へのアプローチにはさまざまなものがある。教授法の数だけある、あるいは教師の数だけある、と言ってよいであろう。しかしここでは、授業の後半にテキストの音読と音読による発表活動をもってくるという観点から、それに最もふさわしいと思われるアプローチを取り上げることにする。それは、つまり、音声を重視するアプローチである。通常、それは「口頭導入法」と呼ばれている方法である。筆者は長年、オーラル・メソッド (the oral method) によるオーラル・イントロダクション (oral introduction) を用いていたが、必ずしもこれにこだわるわけではない。オーラル・アプローチ (the oral approach) やオーディオ・リンガル・メソッド (the audio-lingual method)、またその他のアプローチやメソッドであってもよいのだが、大切なことは、新しい英語教材の提示は英語を用いて導入するという原則を堅持することである。

筆者が「口頭導入」の方法論にこだわる理由は、音読にまでもっていこうとするテキストは、単に内容や語句や文法が理解できればよいというものではないからである。生徒は理解したテキストを音声化し、その音声を

頭の中に叩き込んで、それを基にして話したり書いたりする発表活動に発展させようとするのである。それだからこそ、テキストはまず音声として提示されなければならないのである。テキストを音声として提示されて、生徒はそれを注意深く聴き、その音声を頭の中で処理し、意味を理解する。これがのちに生徒自身が書かれたテキストを見て音声化するときに大いに役立つのである。書かれたテキストを音声化することなく、書かれたものとしてその内容を理解することはもちろん可能である。しかし、そのテキストを自力で音声化することは、英語学習の途上にある生徒にとっては至難のわざである。このことはこれまで多くの教師が経験的に実感していることであり、いまさら実験して証明するまでもない自明のことであると言ってよい。

　そこで、筆者が最善と考えるテキスト理解の指導法を以下に述べることにする。通常の授業は、次の3段階の指導によって、テキストの内容を理解させるようにしている。

　第1段階：オーラル・イントロダクション
　第2段階：テキストの黙読
　第3段階：テキストの解説

オーラル・イントロダクション
　これは読みの指導に入る前に教師が行う新教材の口頭による提示・導入のことである。具体的には、オーラル・メソッドによる方法、オーラル・アプローチによる方法など、いくつかのやり方があるのだが、ここではテキストをのちに音声化し、発表活動につなげていくという観点から見てみたい。

　そのような観点からオーラル・イントロダクションを見ると、教師が口頭で提示する英語は、のちに生徒たちがレシテーションやスピーチやスキットの形で口頭発表するときの一つのモデルを提供することになる。これまでのオーラル・イントロダクションにはこの視点が欠けていた、または稀薄であったと言えるのではなかろうか。語学教育研究所編『英語指導

技術再検討』でも、オーラル・イントロダクションのねらいとして、① 英語の音声に慣れさせる、② 学習の雰囲気づくりに役立つ、③ 直読直解の訓練をする、④ 直読直解への橋渡しをする、の４つが挙げられているが、ここには生徒たちの音声による発表活動を動機づけ、それに向けて授業活動を方向づけるという視点が欠けているように思われる。

　生徒の発表活動への方向づけとしてのオーラル・イントロダクションは、次のような特徴をもつ。

（１）　オーラル・イントロダクションは、テキストに書かれている内容の概要を音声で提示することを目的とする。その中には、そのテキストの理解に役立つと思われる背景的な知識(たとえば、その文章は誰がどんな目的で書いたものか、あるいは、そのダイアローグにはどんな人物が登場し、どんなことが話題になっているかなど)も含まれる。オーラル・イントロダクションは、テキストの内容をカバーするよりも、生徒があとでそのテキストを読んでみよう、またそれについて話してみようという気にさせるようなものがよい。

（２）　テキストの概要を提示するには、そのトピックに欠かすことのできないキーワードは非常に重要である。たとい新語であっても、それらは明確に、しかも印象深く導入する必要がある。しかし理解しやすくするために、センテンスはなるべくシンプルにすることが重要である。このために、わかりにくいと思われる未習の文法事項を含む構造や、既習であっても複雑な構造のセンテンスは避けるようにする。

（３）　生徒の理解を助けるために、可能な限りピクチャーやチャートを利用するようにし、キーワードを板書するなどの工夫をする。

（４）　教師の英語に生徒の注意を集中させるために、オーラル・イントロダクションは短時間ですませる(教師は自分の生徒が何分くらい聴くことに集中できるかを調査するようにしたい)。

（５）　オーラル・イントロダクションの英語は、生徒があとで英語を話

すときのモデルになるものであるから、できるだけ自然な速さの自然な調子の英語がよい。

テキストの黙読（サイレント・リーディング）

　オーラル・イントロダクションでは、生徒を聴くことに集中させるためにテキストは見せないのが普通である。オーラル・イントロダクションが終わったところで教科書を開けさせ、そこから読む活動に入る。普通のやり方では、教科書を開けるとすぐに音読に入る。しかし我々はその前にテキストの黙読をさせ、それから音読を行う。

　ここに黙読を入れるねらいは次の2つである。

（1）　内容理解のリーディング活動を行わせる。
（2）　音読のプラニングをさせる。

つまり、黙読はテキストの内容を理解する活動と音読のプラニングがねらいである。自力で書かれたテキストを読み取る力をつけるためには、その経験を積ませる必要がある。オーラル・イントロダクションは、英語学習の入門期（あるいは学習初期の1年間くらい）ではテキスト内容のほぼすべてをカバーすることができるが、学年が上がるにつれて、背景的な知識を与えたり、読もうという動機づけをしたりするためのものに変わっていく。また、内容の理解と音読のプラニングとは密接な関係があり、内容の理解が進むにつれて、それをどのように音声化するべきかがわかってくる。慣れてくるとこれら2つの活動をほとんど同時に行うことが可能になるが、それができるようになるには相当の訓練が必要である。ここでの黙読は、それができるようになるためのトレーニング活動と言ってよいであろう。

　この黙読の指導で大切なことは、テキストを読んでいくときには、チャンクを単位として意味を考えていくようにすることである。テキストの意味を取るときも、それを音声化するときも、チャンクが重要な単位だからである。チャンクについてはすでに本書2章および4章でくわしく述べた。

　実際には、予習をしてきた生徒は内容理解のための黙読は必要ないであろうから、その生徒たちは音読のプラニング、すなわちテキストの音声化

の仕事に取りかかる。予習をしていない生徒たちは、まずテキストを目で追いながら意味を取っていくというリーディング活動を行いながら、意味のわかったものをどう音声化するかを考えることになる。この活動は通常2分か3分のものであるが、次の内容解説とそれに続く音読練習を結ぶ重要な活動である。

テキストの解説

　生徒がテキストの意味を正しく理解し、それを適切な音声で口に出して言えるようになるために、教師はどんな説明をしたらよいであろうか。一般に、教師というのは説明が好きである。教師が知っていることをすべて理解してもらおうなどと思うと、いくら説明しても時間が足りない。授業のほとんどを説明で費やしてしまうことになるのではなかろうか。しかしこれは賢明ではない。なぜなら、テキストのすべてを説明しつくすことはできないし、たとい生徒がその説明を理解したとしても、それで彼らの英語力が身につくわけではないからである。言語学習にとって、教師が説明する事柄は二次的または補助的な情報にすぎないのである。したがって、テキストの解説はできるだけ簡潔でなければならない。そして、一度でわかってもらおうと思わず、大切な事柄は繰り返し説明するのがよい。テキストの理解度は生徒によって異なっており、一度で理解する者もいれば、数回の説明を聞いてはじめて理解できる生徒もいる。理解のレディネスには個人差が大きいのである。要するに、テキストの解説はできるだけ簡潔で、必要な事項は反復して説明することが重要である。

　では、テキストを音読し、さらにそれをレシテーションやスピーチにまで発展させるためには、どのような事柄を説明したらよいであろうか。大きく次の5つの領域に分けられる。

（1）　音声に関する領域
（2）　語彙に関する領域
（3）　文の構造と規則に関する領域
（4）　語用論（pragmatics）に関する領域

（5） 文化的背景に関する領域

（1）から（3）までの領域についてはすでに本書2章から4章までに詳しく述べた。ここでは、語用論と文化的背景に関する領域について、指導上重要と思われる事柄を述べることにする。

「語用論」とはコミュニケーションにおける言語使用の問題、特にあるセンテンスや表現がどんな文脈や場面で使われるかという問題を研究する分野である。テキストに現れるそれぞれのセンテンスは、それが現れる特定の文脈と場面と結びついている。それとは違う文脈や場面でそのセンテンスが使えるかどうかは、それにはじめて出合った学習者にはわからない。たいていの場合、学習者はそれをいろいろな文脈や場面で使えると思ってしまうものである。たとえば、学習者が次のようなテキストに出会ったとする。

John: I've a headache this morning, Mom.
Mother: I believe you've got the flu. <u>You'd better go to the doctor's.</u>

下線を引いたセンテンスは、「医者に行ったほうがいい」という意味だと生徒は知る。そして You'd better ～ = You had better ～ で、これは「～したほうがよい」という忠告を表す表現だと教えられる。この場面ではこれでよい。しかし、この表現がどのような場面で使えるかを教えられなければ、生徒はこれを一般化して、使ってはならない場面で使ってしまうであろう。そこで語用論の知識が必要になる。すなわち、「この表現は年下の人や親しい人に対する忠告に使うが、年上の人には使わない」という語用論的知識を一言つけ加えると、多くの学習者の誤用を防ぐことができるであろう。もちろん、これによってすべての学習者の誤用を防ぐことはできないであろうが、すべての人が知っていていい知識である。なぜなら、ネイティブ・スピーカーはすべてそういう知識を持っているはずだからである。

もう一つの「文化的背景」の知識については、オーラル・イントロダクションでかなりカバーすることができるが、そこで扱えなかった事柄を内容解説で補うことになる。ただし、これは説明しだすときりがなくなるので、やはり簡潔にすべきである。日本語による説明は、テキスト理解のた

めの補助的手段であることを銘記すべきである。

4. 授業における音読指導——正確さと流暢さを目指す

　授業中に行う音読は、すでに述べたように、意味が十分に理解できたテキストについて、音声的な正確さと流暢さを目指す活動である。通常の授業では、(1)まず教師の肉声またはテープの音声でモデルを示し、(2)次にモデルについてひと区切りずつコーラスで読ませたのち、(3)各自に自由に練習させる時間を与え、(4)最後にひとりずつ数人の生徒に読ませてみる、というような指導手順で行われる。指導案では、通常、それぞれの活動は次のような用語が使われる。

　（1）　Model Reading　（範読）
　（2）　Chorus Reading　（一斉読み）
　（3）　Buzz Reading *or* Free Reading　（自由読み）
　（4）　Individual Reading　（個人読み）

これらのうち、(3)と(4)は時間のつごうで省かれることが多いが、あとで述べるように、その場合には家庭学習などでその時間が確保される必要がある。
　以下にそれぞれの活動について、活動の意義や、そこで用いられる指導技術を点検してみよう。

Model Reading
　「モデル」とは「模範」の意味なので、Model Reading は「範読」とも呼ばれる。通常の指導手順では、音読練習の最初に、教師の肉声またはネイティブ・スピーカーの吹き込んだ音声テープによってなされる。その主要な目的は次のA、Bの2つと考えられる。

　A.　モデルを与え、音読の到達目標を示す。
　B.　読み方の全体的な感じをつかませる。

これらの目的については異論がないと思われるが、そのためには、テープよりも教師の肉声のほうがすぐれている。その理由は、第1に、ネイティブ・スピーカーの吹き込んだテープの音声が日本人である生徒のモデルとしてふさわしいとは言えないからである。同じ日本人の教師であれば、「あれくらいならば、僕にも、わたしにもできる」と生徒は思であろう。そう思わせなくては、到達目標とは言えないではないか。

　第2の理由は、テープの音声には、音読の際に伴う顔やからだの表情が見えないことが問題である。まず、音声だけでは、読み方の全体的な感じをつかむことがむずかしい。その結果、これはより重要なことであるが、テープでばかり練習した生徒は、読む際に無表情になりがちである。感情を込めて読むということができなくなる。英語の音声を発する際にそのような習慣がついてしまっては、後々たいへん困ることになる。そういうわけで、範読は教師の肉声のほうが良いということになる。

　ところで、範読において区切り、強勢とリズム、イントネーションなどの音声特徴をつかませることを目的として挙げる人がいるが、これは中学・高校の段階では無理である。数行以上にわたる文章を聴いて、そこに含まれるすべての音声特徴をチェックすることは、ネイティブ・スピーカーでも相当の訓練を受けないと困難である。一般に「メモリー・スパン」(memory span)を超える文章は、そこに含まれるメッセージ内容を抽出して記憶にとどめることはできても、その文章の形式(音声や語彙や文法など)を正確に記憶にとどめることはできないのである。「メモリー・スパン」とは、文章を聴いて(または目視して)、その直後に正確に再生できる範囲をいう。そういうわけで、範読は読みの全体的な感じをつかませ、この程度に読めるようになればよいという、大体の到達目標を示すことができればよしとすべきである。したがって、範読は幾度も反復する必要はなく、集中して聴かせるようにすれば1回でよいであろう。

Chorus Reading
　教師またはテープのあとについて、生徒が一斉に声を出して読む活動をいう。「一斉読み」または「斉読」とも呼ばれる。これは、通常のやり方で

は、教師がテキストのひと区切りずつを読み、そのあとに生徒が一斉に声をそろえて読む。ひと区切りずつ、きちんと声がそろうまで繰り返す。したがって1回ですむ所もあるし、数回繰り返すこともある。こうしてテキストの終わりまで行ったらこの活動は終わりとなる。

　この一斉読みについては、専門家の間で否定的な意見もある。それは、通常の言語生活の中で文章を一斉に声を出して読むなどということは滅多にあることではないし、声をそろえて読もうとするので不自然な読み方になってしまうという点にある。この点に関しては次のように考えたい。たしかに一斉読みは日常生活では行わない読み方ではあるが、大クラスでの指導では能率的なので、上手に行えば有効なのではあるまいか。ただよほど注意をしないと、指摘されるように、不自然な読み方になってしまうので、教師は気をつけなければならない。教師から「声をそろえて大きな声で」などと言われると、特に英語を習いたての生徒たちは、張り切って大きな声を出す。それはよいのだが、

I / have / a / pen / in / my / hand.

などと、非常に遅いテンポで、ほとんどすべての語に強勢を置き、不自然なイントネーションで1語ずつ区切って読むものだから、異常な英語になってしまう。それはきわめて異常で、ほとんど英語として聞き取れないほどになることもある。かつて筆者も、あるネイティブ・スピーカーから、日本の英語のクラスではなぜコーラスで不自然な読みをさせるのか、と質問されたことがあった。そこで、形態としては便宜上「一斉読み」ではあるが、あくまでも音読活動は個人のものという原則を保持しなければならない。声をそろえることにこだわってはならないのである。こうなると、この活動を 'Chorus Reading' とか「一斉読み」と呼ぶのはもはや適当ではなくなるので、'Collective Reading' とか「モデル付きの読み」など、別のものに変えたほうがよいかもしれない。

　以上に述べた一斉読みの陥りがちな欠点を防ぐためには、次の4項目の指導を徹底することが必要である。これらは音読指導の重要なポイントでもある。

（1） 音読における音量は、適量になるように調節させる。大声を出させる必要はない。自分自身の声が聞こえる程度の音量にするのがよいであろう。

（2） 全員一斉に読む形態を取るけれども、実際に読む場合には、各自のペースで読むように指導する。クラス全員の声を無理にそろえる必要はない。くれぐれも不自然な読みにならないように注意する。

（3） 一時に読むチャンクの長さを、生徒の平均的なメモリー・スパンに近いもの、あるいはそれより幾分長めにする。長すぎると生徒はついていけないし、短すぎると生徒にとってイージーなタスクになって緊張の欠けた活動になる。

（4） 一斉読みにおける教師のモデルは、生徒が復唱するためのモデルであるから、その音声特徴を明確に示すものでなければならない。特に、区切り・強勢とリズム・イントネーションが明瞭であり、反復しても一定であることが重要である。

以上の一斉読みは、ある程度英語の音声と文字に慣れた生徒であれば音声テープでも可能であるが、特に低学年（中学1, 2年生）では、教師のモデルのほうがすぐれていると言えよう。教師の肉声ならば、チャンクの長さをかなり自由にすることができるし、むずかしい音声特徴を含むチャンクを必要なだけ反復することができるからである。低学年に限らず、高校や大学でも、英語音声の矯正や正しい音読法の指導を目標とする授業では、教師の肉声がすぐれていると言えよう。

なお、モデルの音声を聴きながら、それにかぶせるようにして音読するやり方を 'Shadowing' あるいは 'Shadow Reading' と呼んでいる。これもある意味で一斉読みであるが、これは音読練習がひと通り終わって、生徒各自が自分なりに何とか読めるようになった段階で、読みのスピードを上げ、リズムやイントネーションの個人的な癖を矯正するのに用いるとよいであろう。

Buzz Reading（*or* **Free Reading**）

　生徒各自がそれぞれのペースで練習し、モデルなしで、ひとりで読めるようにする活動である。ひとりでも読めるようにならなければ、本当に読めるようになったとは言えないから、この活動は非常に重要である。したがって、可能な限り授業で行わせたい活動であるが、もし授業中に時間が取れなければ、家庭学習としてでも必ず全員に実行させなければならないものである。いつまでたってもひとりで読めない生徒がいるが、これはそういう練習が欠けているためである。

　ところで、モデルについて読むときにはなんとか読めるのに1人で読むとうまくいかないということは、新しい言語の学習をする人ならば誰でも経験する。どうすればひとりで読めるようになるのか。おそらく、大方の答えは、「練習すること」となるのではなかろうか。では、なぜ練習すればできるようになるのか。その答えがわかれば、練習の方法も工夫できるに違いない。

　「どうすればひとりで読めるようになるのか」の問いに答えるには、心理言語学的な説明が有効であろう。

　まず、音読練習には2種類の練習を区別する必要がある。「モデル付きの練習」と「モデルなしの練習」の2つである。「モデル付きの練習」では、モデルで与えられたチャンクの語句が学習者の「メモリー・スパン」の範囲内であれば、その音声は学習者の短期記憶の中に数秒間とどまるので、その間にテキストを音声化することは、誰にとってもきわめて容易である。他方、「モデルなしの練習」では、いま読もうとしているチャンクの語句の音声イメージ（acoustic image）を、学習者自身が自分の頭の中に作り出さなければならない。これがたいへんにむずかしいのである。つまり、モデルについて読む音読では、モデルの音声が短期記憶に残存しているので、そのタスクは容易であるのに対して、ひとりで音読する場合には、その音声イメージを自力で呼び起こさなければならないので、そのタスクははるかに困難となるのである。したがって、音声イメージを独力で呼び出すことができなければ、ひとりで読む練習は不可能となる。このことは、英語を習いたての生徒たちの多くがもつ学習困難点である。授業では読めたの

に、家に帰って練習しようとすると音が思い出せないというのである。この困難点は、人によっては、英語学習のかなり進んだ段階にいたるまで解消されないケースが多いように思われる。

では、生徒の頭の中に、モデルなしで再生できるしっかりとした音声イメージを作るにはどうしたらよいか、という問題が残る。この問題を解決しないと、生徒はいつまでたってもひとりでは読めるようにならないであろう。それには、我々の長年にわたる実践経験から、次の3つの継続的な指導方法が必要であり、また有効である。

（1） モデル付きの一斉読みをやたらに反復しない。機械的な反復は音声イメージの形成に役立たない。モデルのあとについてチャンクを正確に言えるようになったら、こんどは一文をモデルなしで読むように指示する。
（2） 英語の音声とつづり字に慣れてきたら、モデルを与える前に、一文ごとにどう読むかを考えさせる。そのあとでモデルを与えて、各自の読み方と同じかどうかをチェックさせる。これは英語の音声特徴（区切り、強勢とリズム、イントネーションなど）についてのメタ的知識（meta-awareness）を育成するのに役立つ。このような指導は中学2年くらいから可能である。
（3） Buzz Reading の間に読めない生徒をチェックし、机間巡視するなどして、個人的な指導を行う。

Individual Reading

ひとりずつ読ませて、それぞれの生徒の読みをチェックする活動である。クラスの人数が少なければ全員の読みをチェックすることができるが、20人以上のクラスでは全員に読ませることは困難である。そこで、次の2つの方法のいずれかを取ることになる。

① 教師が数人の生徒を指名して読ませる。
② グループ活動として、グループの中でひとりずつ順番に輪読させる。

①の方法のよい点は、教師自身が生徒の読みをチェックできることである。そのかわり、多くの生徒に参加させることができない。②の方法では、教師自身で生徒の読みをチェックすることはできないが、より多くの生徒を活動に参加させることができる。どちらがすぐれているかは一概には言えない。この活動の目的をどこに置くかによる。

　すなわち、もしこの活動によって、生徒が実際にどれくらい読めるようになったかを教師が自分でチェックしたいならば、当然①の方法を取ることになる。これは非常に重要なことであるが、生徒はそれぞれに個性的な読みの習慣を身につけていくものである。モデルを与えればみな同じような読み方になるとは言えないのである。しかしその個性は、ネイティブ・スピーカーに十分に理解できるようなものでなければならないであろう。したがって、それぞれの生徒の読みを矯正するために、特定の生徒を指名して読ませるということは非常に重要な活動である。のちに自分ひとりで練習するときのためにも、変な読みの癖はできるだけ早期に矯正する必要があるのである。日本人の英語の発音や読みのレベルが低いのは、中学と高校で、教師によるそういうチェックが十分になされないからである。その最も大きな障害が大クラスの授業にあることは言うまでもない。

　これに対して、教師によるチェックよりも、他者の前で音読をする経験を重視するならば、②のグループ活動がすぐれている。各自がそれぞれの属するグループの中で音読を経験することができるからである。この場合、生徒たちが互いに協力し合い、助け合って向上を図るという気持ちがあれば、「正確さ」は期待できないとしても、読みの「流暢さ」を増すことは期待してよいであろう。

5.　発表活動の準備

　昔の英語の先生は、「教科書本文を暗記するくらいまで読みなさい」とよく言ったものである。今でも、特に中学校の先生方には、そのようにおっしゃる方が多いのではないだろうか。高校になると、教科書のレベルが上がり、内容理解のためのリーディングの教材も増えてくるので、すべての

テキストについて音読練習させることがむずかしくなる。しかし、公開授業などで見る限り、高校でも音読とレシテーションは多くの先生方によって奨励されているように思われる。

　では、どのようにして音読をレシテーションまで引き上げるか。「暗記」とか「暗唱」というと、それだけで「もうだめだ」と諦めてしまう生徒がいるようである。そこで、この同じ活動を我々は「レシテーション」と呼ぶことにしている。「暗記」や「暗唱」はだめだが、「レシテーション」ならばやってみようという気持ちになってくれるのではないかと思うからである。

　事実、それは「暗記」や「暗唱」とは方法が違う。これらの語には嫌なことを強制されるという感じがある。これはおそらく過去の経験からきている。教師から暗記しなさいと言われ、試験をされ、嫌な思いをしたという暗い経験と結びついている。しかし、「レシテーション」という語は生徒にとってなじみのない語だから、そういう感じはない。そこで、「レシテーション」をできるだけ楽しい経験と結びつくように工夫しようというわけである。そこで大切なことは、これを発表活動と位置づけ、生徒に達成感をもたせ、自信をつけさせることである。

　レシテーションの発表活動にいたる音読は、次の3種類の練習方法を用いて指導するのが有効である。

（1）　Read and Look-up
（2）　キーワード方式
（3）　チャート・ピクチャー方式

以下にこれらの技法を順に見ていくことにする。

Read and Look-up
　テキストを音読するときに、一つのチャンクをまず黙読し、次に顔を上げて、テキストを見ずにそのチャンクを声に出して言う活動である。クラスで一斉に行うときには、教師が'Read'と言って生徒がチャンクを黙読し、教師の'Look up'の合図で一斉に顔を上げ、声を出して言う。生徒が個人

で行うときには、チャンクを目で見てその意味と形態を確認し、それができたら顔を上げてそのチャンクを声に出して言う。いずれの場合も、反復練習によって、生徒はテキストを一瞬見ただけで顔を上げて言うことができるようになる。これは、語句を瞬時に目で認知して記憶にとどめる「視覚メモリー」とそれと連合する「聴覚メモリー」とが確立し、それらが瞬時に結合するようになるからである。こうなると、レシテーションはもうすぐそこまできていると言えよう。

　この活動は、レシテーションだけではなく、スピーチなどの発表活動を目指す基礎練習として非常に有効である。いつもテキストを目で追いながら音読するだけでは退屈であり、数回の反復のあとには、頭が空になってしまうような気がするものである。こうなると、機械的に目と口が動いているだけで、そこには何の気づきも起こらない。つまり脳のほんの一部しか働いていないのである。このような機械的な反復は、真の言語学習とは言えない。Read and Look-up は、テキストを目で見る時間を短縮したり、チャンクをしだいに拡大したりして、つねにチャレンジングな活動にすることが可能であり、脳のより大きな部位を活性化させることが要求される。俳優たちがせりふを覚えるのも、この **Read and Look-up** の練習法による。

キーワード方式

　Read and Look-up の反復練習によって次に読むチャンクを瞬時に目でとらえることができるようになると、それぞれのチャンクのキーワードだけをメモしておいて、それを見るだけでチャンク全体が言えるようになる。ただしチャンクが小さすぎると、発する音声が途切れて聞きにくくなるので、できるだけ大きいチャンク（センテンス単位）で言えるようにすることが大切である。それができるようになると、レシテーションの発表活動の準備は完了したと言えるであろう。

　ここで例として、次のテキストについて、キーワード方式によってレシテーション練習をする場合について考えてみる。

　　The names of the months all come from Latin. January, March, May,

June — these months are named after Roman gods. January was named after the god Janus. He was a strange god with two faces. He could look in two directions. He could look forward and back at the same time. He was the god of endings and beginnings. January, which is named after him, is the first month of the year. It is a month in which one looks forward to the next year, and also looks back to the old year. (*Lighthouse English* 1)

キーワードとしてよく選ばれるのは、各センテンスの最初の部分である。(長いセンテンスでは適当な長さのチャンクに区切ってよい。)

上記のテキストでは次のようになる。

The names of ...
January, March, May, June ...
January was named ...
He was a ...
He could look in ...
He could look ...
He was the ...
January, which is ...
It is a month ...
and also ...

クラスで練習するときには、これらを黒板に書いて練習することができる。音読の練習法にしたがって、①教師がモデルを与え、②生徒にコーラスで言わせ、③各自で練習させ、④個人に指名して一文ずつ言わせてみる、という順序で行う。黒板を使う代わりに、生徒各自にメモ用紙を作らせ、それを机上に置いて練習させる方法もある。

この練習で注意すべきことは次の2点である。

(1) 意味を考えながら言うこと。そのために、テキストの字句通りでなくてもかまわないこと。

（2） 英文を言うときに、できるだけリズムやイントネーションが崩れないようにすること。無理やり覚えようとすると、そういうことが起きやすい。そういう場合にはもう一度 Read and Look-up に戻って練習すること。

チャート・ピクチャー方式

　キーワードの代わりにチャートやピクチャーカードを使うことができる。新教材の導入で教師がオーラル・イントロダクションを行う授業では、チャートやピクチャーカードを使うことが多いであろう。そのようなものを利用すれば、この方式はきわめて容易である。教科書のイラストを利用してもよい。

　たとえば先に挙げた January の例では、教科書に次の Janus のイラストがある。これだけでも、十分に音読練習がなされたテキストを再生する場合には、大きな助けになるであろう。

　イラストを用いて練習する場合には、テキストの字句にあまりとらわれずに、Janus について学んだことを自分の言葉でかなり自由に表現するように指導するのがよい結果を生む。テキストの字句にとらわれると、記憶した文章を想起することに意識が向いて流暢さが失われるだけでなく、生

徒は暗記するという作業を苦痛に感じるようになる。誰でも、限られた時間内に丸暗記をするように強制されることを喜ぶ人はいない。言おうとする内容に意識を集中させるほうが言葉の使用のリアリティーにそっており（われわれは言葉を発する際には言おうとする内容に意識を集中するものである）、そのほうが生徒は楽しんで練習する。

6. 発表活動──レシテーション、スピーチなど

音読から発展する発表活動には、レシテーションのほかにスピーチやスキットがある。レシテーションが他人の書いたテキストを暗記して話すのに対して、スピーチではそのテキストを自分で作らなくてはならない。スキットは教科書のテキストをそのまま使うこともできるし、自作のテキストで行うこともできる。いずれの場合も、テキストを音読し、暗記し、自分のものとした上で、それを人の前で語る発表活動である。

さらに、音読から発展する発表活動としてディスカッションがある。教科書のテキストを暗唱できるようになれば、そこに書かれている内容について英語で問答をしたり、意見を述べたり、議論をしたりすることができる。

これらの活動に関する指導の仕方を次に見てみよう。

レシテーション

レシテーションの発表準備ができたならば、まずボランティアをつのり、1人か2人に発表させる。次に幾人かの生徒を指名して発表させる。毎時間数人に発表させ、数回の授業で全員に発表の機会を与えるようにすることが重要である。その場合、キーワードのリストやチャート、ピクチャーなどは黒板を利用してもよいし、生徒各自に用意させてもよい。黒板を使うときには、発表者が後ろを振り向かなくてもよいように、教室の後ろの黒板を使うとか、小さな白板を使うなどの工夫をするとよい。

発表するときには次の3点に注意するように言い、終わったあとで、これらの点について個々の生徒に口頭でフィードバックを与えることが重要

である。そうすることによって、それぞれの生徒が、どうすれば次回にさらに改善できるかについてのヒントを得ることができる。

（1）発表者は、次に言うべきチャンクを思い出せないときには黒板やメモを見てよいが、それらを見ながら言ってはいけない。言うときには、必ずクラスの方に顔を向けて言うこと。
（2）クラス全員によく聞こえるようにするために、いちばん後ろの列に座っている人に話すつもりで言うこと。したがって、ふだん話す音量よりも幾分大きな声で話すことになる。
（3）クラスの全員が発表者の英語をよく理解できるように、区切る所はきちんと区切り、やや大きめの抑揚を使い、オーバーにならない程度のジェスチャーを入れる。決して棒読みにならないようにすること。

スピーチ

スピーチは、テキストを自分で作成するという点を除いては、その準備はレシテーションとほとんど変わらない。したがって、スピーチの準備指導は、生徒にスピーチ原稿の書き方を指導することである。なお、ここでいうスピーチとは、授業中に行うごく簡単なショート・スピーチである。通常 1, 2 分程度で終わるものをいう。

中学・高校段階では、スピーチ原稿の作成には教師の適切な指導が必要である。いきなりタイトルだけ与えて書かせようとしても、たいていは時間の無駄であろう。どんなトピックで、どんな内容のものにするかについて、少なくとも幾つかのヒントを与えて考えさせることが必要である。たとえば先に挙げた January についてのテキストでは、これをトピックとして次のような問いを生徒に与え、それらの問いにそれぞれが答えるという形でスピーチ原稿を書いていくというタスクが考えられるのではなかろうか。

Question 1: Do you like January?
Question 2: Why do (don't) you like January? Write about the

reason(s) why you like (don't like) the month.
Question 3: How about February? Do you like the month? Which do you like better, January or February? Why?

　生徒の書いたスピーチ原稿は、20人以下の小クラスならばともかく、それ以上の大きなクラスでは、教師がいちいちチェックするのは不可能である。そこでグループを利用する。具体的には次のようにする。

（１）　3, 4人のグループを作る。我々の経験では、気の合った仲間同士で作らせるのがよい。
（２）　各自が書いた第1次原稿をグループの他のメンバーが読んで、理解しにくいところを指摘し、改善策を提案する。
（３）　書き直した第2次原稿をさらに他のメンバーに読んでもらい、推敲する。
（４）　推敲の過程で、教師やALTが適宜に援助する。

このようにすれば、生徒たちはこのタスクを楽しむことができ、教師の負担も大幅に軽減する。まさに一挙両得である。
　生徒が実際にスピーチを行う場合には、レシテーションの場合と同じように、メモやチャートやピクチャーを上手に使うこと、クラス全体によく理解してもらえるように声を大きめに出すこと、感情を込め、ジェスチャーを用いるなどの点を注意する。発表の様子をビデオに撮り、あとで再生して見せてコメントする方法は、フィードバックの与え方としてたいへんすぐれている。

スキット

　スキットは、テキストが2人の間の対話や3人以上の会話になっている場合に、ペアまたはグループで分担を決めて行う活動である。教科書のテキストをそのまま利用する場合には、レシテーションの技法がそのまま使えるであろう。教科書のテキストを、生徒の実態に即して、多少変更するのもよいであろう。また、生徒たちに自分たちでスキットを創作させるこ

ともできる。いずれにせよ、ひとりだけの暗記と違って、共同で進めることになるので、生徒は退屈することなく、それぞれのタスクを楽しんで行うことができる。

具体的な進め方はおよそ次のようになるであろう。

（1） 必要に応じて2人から4人のグループを作る。
（2） テキストを確認し、分担を決める。
（3） ペアまたはグループで発表の練習をする（教師またはALTが適宜援助する）。
（4） 順にクラスの前で発表する（発表の様子をビデオテープに収録する）。
（5） ビデオテープを再生し、生徒および教師がコメントする。

最近「NHK基礎英語スキット・コンテスト」などへの応募が非常に増えているそうで、学校の英語授業におけるスキットの重要性が認識されてきたのは喜ばしいことである。賞を獲得することにだけ熱中するのではなく、できるだけ多くの生徒が参加しようという気持ちを持つように指導したいものである。

ディスカッション

教科書のテキストを暗記するくらいまで学習すれば、生徒たちの頭の中に蓄えられた英文のテキストを利用して、英語の問答やディスカッションなどの言語活動に発展させることが可能になる。先に示したJanusのテキストとイラストから、2つだけ例を挙げることにしよう。

まず、教師（T）と生徒（P）との間の次のような問答がスムーズに展開するであろう。この活動自体は本当のディスカッションとは言えないが、その前提となる活動であり、すぐにもディスカッションに発展できるものである。

T: What's the first month of the year in English?
P: It's January.

T: Do you know where the name of the month came from?
P: Yes. It came from the name of a Roman god.
T: Could you tell me the name of the Roman god?
P: Janus.
T: That's correct. Could you tell me what you know about Janus?
P: He had two faces, so he could look in two directions. He could look forward and back at the same time. He was the god of endings and beginnings.
T: Do you know any other names of the months that came from Roman gods?
P: Yes, I do. March, May, June — these months were also named after Roman gods.

第2の例に移ろう。教科書に出ているJanusのイラストについて、教師は次のような設問を発し生徒に考えさせる。

Please look at the illustration of Janus in the textbook. He has a big key in his left hand. Why do you think he has a key? Can you guess what the key is for? Please remember that Janus was the god of endings and beginnings.

生徒たちはひとりではなかなか良い推測が思いつかないかもしれない。ペアやグループで考えさせると、けっこういろいろなアイデアが出てくるものである。そこで、出てきたアイデアをグループごとに英語で発表させるのである。うまくすると、おもしろいディスカッションが展開できるであろう。

ディスカッションは重要なコミュニケーション活動であるが、本書の目的がその基礎となる音読指導にあるので、この活動についてはこの程度に触れるにとどめる。

7. まとめ

　本章では、音読を単に授業活動の一つとしてではなく、むしろ音読を中心においた授業の進め方について述べた。そうすると、まず音読の前提となるテキスト理解の指導が必要であり、適切な音読指導によって正しく音読ができるようになったら、こんどはそれをレシテーション、スピーチ、スキットなどの発表活動に発展させる指導へと進むことになる。読者は、それぞれの授業過程でどんな活動をどんな目的で行うのか、概略おわかりいただけたことと思う。我々は実際にこのような授業を行って効果を上げており、この授業法が誰にでも利用可能なすぐれた方法であることを確信している。

　最後に、実際的な問題について書き残したことを一つだけ付け加えておきたい。通常の授業においては、時間的制約のため、1単位時間内に本章に述べたすべての活動を行うことは不可能である。そこでそれぞれの指導者の置かれた状況を勘案して、無理のない最善の指導計画を立てることが求められる。最も一般的なプラニングは、最初の1時間にテキストの音読と発表準備のための Read and Look-up までを行い、次の時間の復習の段階で発表活動を行うものである。もしそのテキストについて2時間の授業を当てることができれば、2時間目にもっと徹底した発表活動を行わせることができる。最初のものを第1案、あとのものを第2案とすると、そのプラニングは次のようになる。

〈第1案〉
　　1時間目：1. オーラル・イントロダクション
　　　　　　 2. テキストの黙読
　　　　　　 3. テキストの解説
　　　　　　 4. テキストの音読
　　　　　　 5. Read and Look-up と発表活動の準備
　　2時間目：0. 復習——発表活動
　　　　　　 （以下新しいテキストに入る）

〈第2案〉
　1時間目： 1. オーラル・イントロダクション
　　　　　　2. テキストの黙読
　　　　　　3. テキストの解説
　　　　　　4. テキストの音読
　　　　　　5. Read and Look-up
　2時間目： 1. 発表活動の準備
　　　　　　2. 発表活動（ビデオ収録）
　　　　　　3. ビデオを再生してフィードバック

　第1案は発表の準備の時間があまり取れないので、その活動の大部分を家庭学習にゆだねることになる。したがって、このような授業に生徒が相当なれていないとスムーズにいかないかもしれない。特に初期の段階では、第2案のほうが無理なく進行する。進んだ段階でも、ときどき第2案の進め方を行って、このような音読中心の学習法を徹底することが必要である。

〈参考文献〉
　オーラル・イントロダクション、音読指導、およびテキストの説明の仕方については、ここで参考にしたものは次の2点である。

土屋澄男．1983．『英語指導の基礎技術』大修館書店
（財）語学教育研究所編著．1988．『英語指導技術再検討』大修館書店

第6章 中学・高校における実践例

1. はじめに

　前章で音読の実際的な指導についてかなり詳しく述べたので、賢明な読者はすでに具体的な指導についてのイメージを描くことができたのではないかと思う。この章では、さらに細かな点まで知りたい読者のために、中学と高校において実際に指導をしている方の実践例を取り上げる。

　全国にはすぐれた実践者が他にもおられることを承知しているが、ここでは著者がこの本で述べている音読指導の考え方に即して見事な実践をしている方を選び、その方の授業を紹介させていただく。その実践者は筑波大学附属駒場中・高等学校教諭の久保野雅史氏である。実を言うと、著者がこの本を書くきっかけを与えてくれたのは久保野氏であった。ある英語科教員を対象とした講習会で彼の音読指導についての考え方を聞き、彼の授業ビデオを見て、深く感銘を覚えたのである。近年、久保野氏は「(財)語学教育研究所」の講習会や「英語授業研究学会」の研究会などで積極的に発表を行っており、彼の音読活動を中心に置いた授業は多くの人々に感銘を与えている。また、それがコミュニケーション能力の基礎をつくるのにきわめて有効であることも、英語教育の専門家と実践者からしだいに認められつつあると言ってよいであろう。本章の記述の大部分は久保野氏から提供していただいた資料によっている。

ここで実践を目指しておられる読者のために一言つけ加えておきたい。それは、久保野氏の授業が特殊な実践例だとは決して思わないでいただきたい、ということである。たしかに久保野氏は有能な教師である。しかし決して魔法使いではない。彼が行っている指導は、特別な才能やテクニックを必要とはしていない。教師に必要な能力はまず正確に音読できる技能である。音読については、すでに多くの英語教師がそれなりに自信を持っている技能ではなかろうか。これから研究しなくてはならないのは、その指導技術である。また、筑波大学の附属学校という優秀な生徒を対象とした特殊な実践例だと思われるとすれば、それも心外である。たしかに平均以上の学力を持った生徒たちが大部分を占めている。したがって、久保野氏の授業をそのまま他の教室で実行してもうまくいかないかもしれない。否、他人のまねをしてうまくいかないのはむしろ当然である。しかし授業は教師と生徒の共同作業である。教師と生徒が音読からレシテーション、そしてスピーチへと、同じ目標を目指して一致協力することができれば、通常の教育環境においてもきわめて成功する確率の高い方法である。教師にとって大切なのは、英語の運用と指導への情熱、確固たる目標意識、そして目標達成まで決して諦めることのない根気である。

2. 英語指導の基本的な考え方

　まず久保野氏自身の文章によって、彼の英語指導の基本的な考え方に耳を傾けてみよう。

> 　部活動、たとえば卓球にたとえると、「試合」で勝つ面白さがわかれば、それに向かって「練習」したいという気持ちになります。もっと強いサーブが打ちたい、もっと速く走れるようになりたい、だから技術も磨く、筋トレも必要、という具合です。英語が「聞く」「話す」「読む」「書く」という技能の習得を目指すとしたら、成果を試す場としての「発表会」や「実力テスト」は試合、日々の授業での「口頭練習」は筋トレと同じように捉えることができます。厳しい練習であっても、

> 上達すれば楽しくなる。「厳しく楽しい」という授業が私の目標です。
> そのためには、「今日、何ができるようになったのか」を、子供たちにとってわかるようにしていきたい。正しく言える練習をしないで「コミュニケーションごっこ」ばかりを適当にやらせていては、いい加減な英語のままで力がつきません。そうかと言って、単に文法や訳読ばかりやっても、子供たちのやる気は出ないし、本当の意味での英語を使う力はつきません。
> 基本をきちんと身につけて、それを使えるように、ということを教師が考えないといけないと思っています。部活動でも、きちんと練習をして試合をする。毎日毎日試合ばかりやっていれば、楽しいし、試合慣れはするけれど、ある時点で絶対伸びなくなる。持っている技術だけでごまかすことになる。そうではなくて、試合という「目標」に向け、その過程で力がついている実感を持ちながら、サーブやレシーブの練習を積み、それぞれの技術を磨いて、それを組み立てて試合に臨めるように、長いスパンでの指導計画を立てて、力をつけさせたいと思います。

ここに述べられている文章から、英語指導に対する久保野氏の基本的な考え方を次の3点にまとめることができると思われる。

第1は、毎日の基礎練習が欠かせないということである。それはスポーツ選手が行う走り込みや筋トレと同じで、必ずしも楽しいものではない。むしろ厳しい自己訓練を必要とする。しかしこれを怠ると、必ずある時点で進歩が止まる。これはあらゆる技能分野において昔から言われていることであり、技能習得の公理である。

第2は、確固たる目標意識を持つということである。スポーツ選手が「試合」に勝つことを目標として努力するように、英語学習者は口頭による「発表会」や「実技テスト」で成功することを目標に置いて精進するのである。そのような具体的な目標に向かって全員が協力して前進するとき、そして各自が前進していることを自覚できるとき、生徒は毎日の厳しい練習に耐えることができるのである。

第3は、長いスパンでの指導計画を立てることである。毎日の基礎練習とそれが目標としている発表活動が、将来的にどの方向に向かっているのかを、指導者はもちろん、生徒もしっかりと認識していなくてはならない。そうでないと、発表活動はうまくいったが、そのことが英語の実際的な使用とどう結びつくかまるでわからないということになってしまう。

3. 長期目標、中期目標、短期目標

前節を受けて、ここで久保野氏による中学1年から高校3年までの、6年間にわたる長期目標を見てみよう。筑波大学附属駒場中・高等学校は中・高一貫教育を行っている学校なので、公立学校の多くにはそのまま当てはまらないかもしれない。しかしそのような場合でも、中・高6年間の見通しを得るために、この長期目標はたいへん参考になるはずである。

中・高一貫の長期目標

〈基礎期〉 中学1, 2年
- 個々の発音・連音・リズム・イントネーション
- 綴りと発音との関係
- 絵や物をヒントにした口頭発表（Show & Tell, Story Telling）
- 身近なことがらを英語で説明（自己紹介など）

〈実践期〉 中学3年、高校1年
- リズム・イントネーションの効果的な使い方（基礎の応用）
- さまざまな形式による口頭発表——レシテーション、スピーチ、スキット
- 内容のあることがらを英語で伝える（体験談、興味のあることがらの説明など）

〈発展期〉 高校2, 3年
- より高度な内容を英語で伝える
- 自分の考えを相手に正確に伝える
- 意見交換ができる（ディスカッション、ディベート）

以上の目標設定の特徴は、第1に徹底した音声訓練を行うこと、第2にすべての学年にわたって口頭による発表活動を行うことである。

　第1の音声訓練は中学校1, 2年の基礎段階で徹底して行うが、次の中学3年と高校1年の「実践期」においても、基礎の応用として訓練を継続する。高校2年ではこの音声訓練はもはや目標には挙げられていないが、必要に応じて続行することは言うまでもない。この音声訓練が久保野氏のいわゆる「基礎練習」に当たるわけであるが、これは第2の「発表活動」を前提とした下位目標であることに注意すべきである。つまり、音声訓練は発表を前提とした基礎的活動であって、それ自体が目的ではないということである。

　第2の口頭による発表活動がすべての学年の目標として掲げられていることに注目したい。この目標は明確に「話すこと」を中心とした目標設定である。発表活動の種類も、次のように段階別に明示されている。

基礎期：Show & Tell, Story Telling
実践期：レシテーション、スピーチ、スキット
発展期：ディスカッション、ディベート

　もちろん、これらの活動はそれぞれの段階に固定して考える必要はなく、どの段階で用いてもよいのである。ただ、英語の文字にまだ十分に慣れていない基礎段階においては、ピクチャーカードなどを使って発表できるShow & Tell や Story Telling を主体とするというのはきわめて妥当な考え方である。

　「話すこと」を中心とした発表活動を目標として掲げるということは、日常的にそのような活動を授業に取り入れるということであり、また各単元（レッスン）や各学期のまとめの最終活動として、大々的な発表活動を行うということである。そこで久保野氏の立てた年間計画というのを見てみよう。ただし、これは年度途中に変更を加えたのちの、実際に実施されたものである。

高校1年の年間計画（英語Ⅰ）

〈1学期〉
- 4月
  - オリエンテーション
  - 中学校の教科書を読む
- 5月
  - 辞書の使い方に慣れる
  - 家庭学習法を確立する
  - 文型と動詞型
  - L1　：インターネット
  - 発表：Show & Tell（菅平レポート）
- 6–7月
  - L2　：寺小屋を作るボランティア
  - L3　：大豆と文化交流
  - 発表：レシテーション大会

〈2学期〉
- 9月
  - 発表：Show & Tell（夏休み絵日記）
  - O. Henry（夏休み課題の内容確認）
  - *New Yorkers* テロニュース号外（投げ込み）
  - 時制の一致、話法
  - L4　：社会言語学入門
  - 同時多発テロ関連（投げ込み）
- 10月
  - L9　：女性議員の反戦行動
  - Barbara Lee 下院議員の報復戦争反対演説（投げ込み）
- 11月
  - L8　：文化祭のミュージカル
  - L6　：雑誌のインタビュー記事
- 12月
  - 発表：スキット「有名人架空インタビュー」

〈3学期〉
- 1月
  - L5　：人類太古の旅
  - L7　：ナショナルトラスト運動
- 2–3月
  - L10：マスメディアの影響力
  - L11：イースター島からの警鐘
  - L12：自然の驚異を感じる心
  - 発表：スピーチ・コンテスト

（注）L = Lesson．教科書は *Unicorn English Course* I（2001）を使用

この年間計画を見てすぐ気がつくことは、第1に、発表活動があらかじめ計画に入っていることである。各学期末と5月、および夏休み直後の9月で、計5回が予定されている。活動の種類は次のように非常にバラエティーに富んでいる。

　　5月　　Show & Tell
　　7月　　レシテーション
　　9月　　Show & Tell
　　12月　　スキット
　　3月　　スピーチ

といった具合である。最後にスピーチがくるのは、これが他のものより高度な発表活動だからである。
　この年間計画でもう一つ気がつくことは、授業で扱うレッスンの順序が必ずしも教科書通りではないことである。これは9月11日に起きたアメリカでの同時多発テロを踏まえ、その時点で扱うのにもっともふさわしいテキストとしてL9を10月に持ってきたからである。そこで年度当初に立てた計画を急遽変更することになった。それとともに、同時多発テロに関連する記事が投げ込み教材として投入されている。このような臨機応変の対応ができるのはさすが久保野氏で、誰もがまねできることではないかもしれない。しかし英語の教師たるもの、普段からそのような対応を心がけたいものである。
　次に、数時間からなる一つのレッスンをどのように組み立てるかについて、久保野氏の実践を見てみたい。
　先の高校1年の年間計画の中から、「L6　雑誌のインタビュー記事」の授業計画を見てみよう。久保野氏はこのレッスンに8時間を当てることとし、実際に次のように指導を展開した。

ワンレッスンの指導計画（**8**時間配当）

教材：Lesson 6　An Interview with Steven Spielberg（*Unicorn* 1）

〈第1時〉　導入
- ビデオ視聴（スピルバーグの代表作）
- 百科事典の記述を読む

〈第2時〉　概要把握
- 本文の4つの質問を読んで答えを類推
- テープを聴いて答えの要点をメモし、口頭で確認
- 語句の意味を確認
- ビデオ視聴（アクターズスタジオ・インタビュー）
- 家庭学習課題：本文を丁寧に読み、辞書で語句を確認する

〈第3時〉　詳細理解
- 内容理解の確認
- 語句、語法の確認
- 重要語句を含む文の音読練習

〈第4時〉　文法練習
- 文法事項などの口頭練習
- 架空インタビューの原稿作成

〈第5時〉　発表準備
- 文法の復習
- サマリーの音読練習、レシテーション練習、発表
- 架空インタビューの原稿の推敲

〈第6時〉　レシテーション発表
- キーワードをたよりにサマリーの口頭発表
- 冬休み課題：スターに関する情報収集と原稿作成

〈第7時〉　発表準備
- 架空インタビューの原稿を完成
- キーワードをたよりに発表練習

〈第8時〉　架空インタビュー発表
- 発表活動と評価

一見して、この授業の組み立て方は通常のものと非常に違っていることに気づく。一般に広く行われている進め方は、教科書レッスンのテキストを数時間に細切れにし、1時間に数行から1ページくらいずつ、各授業を同じような手順で進めていくやり方である。久保野氏はこれを「幕の内弁当スタイル」と呼んでいる。もちろんこのスタイルがいけないというのではない。英語を読む力がまだ十分でない生徒には、この方式のほうが学習に安心感を持たせることができるだろう。しかし、いつまでもこのやり方に固執する必要はない。英語を読む力がついた生徒には、特に高校生では、このやり方は退屈である。久保野氏のこのスタイルは高校段階でもっと採用されてよい。

　さて、久保野氏のこの指導計画は次の4つの部分に分けられる。

第1部：導入とテキストの概要把握(第1、第2時)
第2部：テキストの内容、語句、文法の理解と練習(第3、第4時)
第3部：口頭練習とレシテーションの発表活動(第5、第6時)
第4部：架空インタビューの発表準備と発表活動(第7、第8時)

　この指導スタイルの特徴は、第1に導入が丁寧になされていて、生徒がテキストの内容に興味を持つようにビデオや関連記事などが豊富に用意されていることである。これによって、テキストの内容に生徒たちの関心・興味を引き出すわけである。これに成功するかどうかは、このレッスン全体の指導の成否に関わっている。

　第2に、テキストの語句や文法の詳細を研究する前に、1時間を取ってテキストの概要の把握をさせることに注目したい。いまだに語句や文法の研究からスタートする授業をやっている人がいるが、はっきり言って、そのやり方は時代遅れである。人は文章を見たら何について書いてあるのかを読み取ろうとするのが自然であり、語句や文法の研究は、意味が取れないときにのみ問題となる。授業においても、テキストの概要把握は最初にくるべき活動である。そのためには、生徒の持つ推理力と既存の知識を動員させて類推させ、脳を最大限に活性化させることが必要である。久保野氏の第2時の言語活動に注目されたい。

第3は、語句や文法の理解と練習のための時間をきちんと取ってあること(第3時、第4時)にも注意したい。しかし単に理解をさせることで終わるのではなくて、常に音読練習や口頭練習によって、それらを潜在的に使用可能なアクティブな知識となるように指導している。このことは重要である。これらの練習は次に行う発表活動につながっているので、生徒は一生懸命になるのである。そして教師が生徒に日本語訳を要求していないことにも注目すべきである。その結果、豊富な練習時間を確保することができるわけである。久保野氏は普段の授業で、「翻訳はプロの仕事だからきみたちは訳をノートに書くな」と言っているそうである。

　最後に、このレッスン計画の最大の特徴はなんと言っても発表活動にある。そのために後半の4時間をさいている。それは2部に分かれている。最初の2時間でテキストのサマリーの音読練習とレシテーションの発表練習をし、キーワードを見て発表するところまでもっていく。これは次の2時間で行う生徒の創作によるスキット「架空インタビュー」の発表準備である。この準備があってはじめて高度な発表活動が可能になるのである。最後の2時間はまさに学芸会さながらである。クラス全員がペアになって発表する。その様子をビデオに収めておけば、あとで述べるように、教師のための指導内容の評価も、個々の生徒のための学習活動の評価も、ともに容易になる。

4．授業計画(オーソドックスな授業)

　ここに久保野氏の1時間の授業を撮ったビデオがある。中学3年の授業である。こちらは英語の授業として、どこででも通用するスタンダードなものである。

　最初に、その「授業の流れ」(概略)を見てみよう。これは授業計画としてあらかじめ設定されていたものである。全体が次のように3部に分かれているので、その流れにそって、それぞれの段階でどのような活動がどのようなねらいで構想されているかを見ていくことにする。

第1部: 復習
第2部: 内容理解
第3部: 音読とレシテーション

授業の流れ（中学 3 年）

〈第1部〉 復習: レシテーションの発表活動
- 教師によるモデル提示（前回のテキストの内容を、キーワードをたよりに再生）
- 一斉練習
- 個人発表（指名された生徒数名が順次クラスの前に出て発表）

〈第2部〉 内容理解
① 教師によるオーラル・イントロダクション
- 内容の背景（国連の歴史）について
- 話のアウトライン（語の意味を明確にしながら進める: e.g. The United Nations）

② テープを聴いて内容理解
- 大意をつかむ（筆者の言いたいことは何か？）
- 理解した内容を書き取る

③ 黙読

④ 教師による内容解説

〈第3部〉 音読とレシテーション
① 音読
- 教師による音読（区切り・抑揚・リズム等に注意して聴く）
- 一斉練習（教師のあとについて読む）
- 個人読み（指名された順に読む）
- **Read and Look-up** の練習（テキストをすばやく黙読し、顔を上げて言う）

第6章　中学・高校における実践例

> ② レシテーション：教科書を閉じ、黒板のキーワードを手がかりにテキストの内容を再生
> - 教師によるモデル提示
> - 一斉練習
> - 個人練習
> - 個人発表（数名のボランティアの生徒がクラスの前へ出て1段落分を発表）
>
> *テキストは *Sunshine English Course* 3 (2000), Program 5.

復習について

　第1部の復習は、前の授業で行ったレシテーションの仕上げの活動である。それは、黒板に書かれたキーワードを手がかりに、テキストの内容を再生するものである。まず教師があらかじめ板書しておいたキーワードを指で指しながらモデルを示す。次にクラス全体で一斉に言わせてみる。これはいわばウォームアップである。通常は1回だけでよい。次にボランティアの生徒を募り、クラスの前で発表させる。次の発表者は教師が指名することもできるし、今発表を行った生徒に指名させることもできる。久保野氏の授業では生徒に指名させている。

　生徒の発表は、発表する生徒を必ずクラスの前に出させて、クラスの生徒全体を相手に話すようにさせることが大切である。生徒の座席から黒板を見ながら言わせることは避けなければならない。それでは単なる機械的な暗唱の作業になってしまう。相手に向かって話すというのが通常のコミュニケーション活動である。これは見たところあまり違わないように思えるかもしれないが、質的に非常に大きな違いがある。授業におけるコミュニケーション活動の工夫というのは、言語が用いられる場面を常に想定することから生まれるのである。

　生徒がクラスの前に出てレシテーションを行うとなると、キーワードが黒板に書かれていては都合が悪い。発表者はしばしば後ろを振り返ることになる。久保野氏はキーワードを移動式の白板に書いて、それを発表者が

少し顔を横に向ければ見える場所に移すことによってこの問題を解決している。あるいは、生徒にキーワードを書いた小さなメモを持たせて発表させることもできる。スピーチをする場合にはメモを持つのが普通であるから、最終的にはこの方式に移行する。ただし、最初のうちはメモから目を離して聴衆を見ながら言うことを徹底するために、板書が有効である。

　また、再生される英語は、必ずしも教科書のテキストの通りでなくてよい。否、むしろ違っているほうが自然である。テキストに書かれている通りに再生しようとすると(それを通常「暗唱」というが)、話の内容よりも文の形式(語句や文法など)のほうに意識がいく。すると流暢さが失われ、しばしば立ち止まって次の語を記憶の中から捜し出さなくてはならなくなる。これは経験的にも非常にむずかしい作業である。ためしに一分間の自己紹介をした後で、もう一度それと同じことを記憶から取り出しながら話してみるとよい。まず絶対に同じ文章にはならない。人間の記憶というのは、自分の話したことでさえ、その話の内容(あるいは要点)は記憶しているが、そのとき使った言語の形式については記憶してはいないのである。そもそも最初に話をしたときに、われわれの意識は話す内容に集中していて、どういう言語形式を用いるかは、たぶん短期記憶内では意識されているのであろうが、その内容が言語化された瞬間に御用済みとなり、捨てられてしまうのである。つまりそれは長期記憶の中にはとどまっていない。したがって、あとでそのまま再生しようとしても不可能なのである。そういうわけで、レシテーションというのは、キーワードまたはピクチャーを手がかりにしながら、話の内容を自分で組み立てていくというかなり創造性を含んだ活動であり、決して機械的な作業ではない。否、機械的な作業になってしまってはならない。それがスムーズに展開するのは、言語形式がどこまで自動化されているかにかかっている。その自動化に必要な訓練こそが、音読や Read and Look-up による徹底した基礎練習なのである。

内容理解について

　復習の次の活動は新教材の導入である。その目的は本時のテキストの内容を理解させることである。この授業案では、それは教師によるオーラ

ル・イントロダクションに始まっている。これが唯一の導入法というわけではないが、スピーキングを達成目標とする授業においては、この導入法がもっともすぐれていることは、H. E. パーマーの設立した語学教育研究所の80年にわたる数々の理論的・実践的研究がこれを証明している。書かれたテキストの内容が理解できればよいというリーディングを目的とした授業であれば、必ずしも教師によるオーラル・イントロダクションを必要とはしない。しかし教科書のテキストをもとに、それをスピーキングにまで発展させようという授業においては、オーラル・イントロダクションは必須である。つまり、まず音声で与えられる言語を理解し、次にその内容がコンパクトな形で文字化されたテキストを読んで理解し、その上でそのテキストを音声化するというプロセスを、我々は必須のプロセスと考えるわけである。次の3つのプロセスは、それぞれ独自性を持ちながら互いに密接に関連しているものであって、我々の授業にとってどれ一つとして、欠くことのできないものである。

プロセス1: オーラル・イントロダクション（音声言語の理解）
↓
プロセス2: テキストの読み（文字言語の理解）
↓
プロセス3: 音読とレシテーション（文字言語の再音声化）

すると、中学校の教科書教材の大部分、および高校の「英語Ⅰ」と「英語Ⅱ」のかなりの部分は可能な限りスピーキングにまで発展させたいテキストであるから、上記のプロセスは英語授業の基本的なプロセスということができよう。

次に、オーラル・イントロダクションのあとに行われる「②テープを聴いて内容理解」というのを見てみよう。これは教科書に載っている挿絵について説明するテープ教材を用いる活動である。つまり通常のレッスンと違って、テキストが印刷されたものではなくて、音声テープに吹き込まれている。生徒はそれを聴いて内容を理解するという活動である。したがって、これは書かれたテキストの読みに入る前に、それを音声によって提示

して聴かせるという活動である。これは当然その前に行われたオーラル・イントロダクションと密接に関連している。もし生徒がオーラル・イントロダクションなしにいきなりテープを聴いたなら、未知の語句や構文が出てきてまごつくに違いない。またその教材内容の背景的知識が欠けている場合には、生徒は大いにまごつきパニック状態に陥るであろう。したがって教師によるオーラル・イントロダクションの中身は、そのような困難を除去するために、生徒がテキストを理解するのに必要なキーワード(時に文法項目を含む)をあらかじめ提示し、テキストの内容に関する背景的知識を与えるようなものになる。それが成功すれば、音声化されたテキストを聴いて生徒たちがまごつくことはないであろう。ここでは国連旗のデザインを聞き取ることになっているので、国連の目的や歴史を第二次世界大戦に言及しながら紹介している。そのため、テープを聴いてその内容を理解するというこのリスニング活動に、生徒たちはスムーズに入っている。

　内容理解の第3の活動は「黙読」である。生徒はスクリプトを読む前にすでにそれを耳で聴き、その内容を理解しているのであるから、ここでなすべきことは、耳に残っている音声の連続体を、書かれている文字の連続体に結びつけることである。これは筑波大学附属駒場中学校の3年生の生徒にとってはさほどむずかしいタスクではない。

　しかしここで注意しておきたいのは、音声の連続体を文字の連続体に結びつける、あるいは反対に文字の連続体を音声化するというタスクは、英語のリーディング技能に習熟している人にとっては簡単のように思われるが、実際にはそれほど簡単なことではないということである。英語のネイティブ・スピーカーでも、小学校低学年のかなり多くの子供たちが習熟に苦労する学習であり、難読症の研究からもそのことが示唆されている。これは英語を学習する日本の中学生たちも、最初に遭遇する困難点の一つである。中学生が英語の音声と文字をほぼ正確に対応できるようになるのに、少なくとも、最初の2年間を必要とすると言われている。それもしっかりした音声指導がなされた場合であって、そうでないときは、その習熟はずっとあとまで引き伸ばされる。高校の先生方はしばしば、高校に入ってきた生徒の中に、テキストをほとんど音声化できない生徒を発見して驚く。

そういう生徒たちは、多くの場合、中学校できちんとした音声指導がなされなかったために、英語の音韻システムを獲得することができなかった可哀想な子どもたちである。そういう子どもたちに対応する即効薬はない。即効薬はないが治療は可能である。普段の授業の中で英語の音声を豊富に与え、英語の音声特徴に慣れさせ、音読練習を毎日実行させ、英語の音声システムをだんだんと身につけさせていく以外にはない。時間はかかるが、先ほど図示した授業の3つのプロセスを堅く守ることが最良の治療法である。この方法が有効であることを証明するには、長期にわたる厳密な実験データを必要とするが、いまだ完全に証明されてはいない。しかし少なくとも理論的には正しい。また、経験的には公理として認められていると考える。

内容理解の最後は「教師によるテキストの解説」である。これは日本人の英語教師がもっとも得意としている活動であり、ここに生きがいを感じている人が多いのではなかろうか。しかし注意しなければならない。ここに生きがいを感じている教師の説明は、しばしば細かすぎて生徒を退屈させるからである。日本語による語句や文法の説明は必要最低限にとどめるべきである。中学・高校のクラスは英語学者や言語学者を育てることを目的とはしていない。ここでの主要な目的は、生徒たちがそのテキストの内容を口に出してすらすら言えるようになることである。このことから外れる余分な解説はできるだけ除外しなければならない。反対に、解説が必要なのにあまりなされていないのは音声に関する情報である。一般的に言って、音韻についての解説に教師はもっと力を入れるべきである。

音読について
　テキストの内容が理解できたなら、次はレシテーションへ向けての音読練習である。これについては本書第5章ですでに詳しく述べたので、多言を必要としないであろう。久保野氏の指導計画もほぼそれを踏襲している。第5章で述べた音読の手順は次のようであった。

（1）　Model Reading

（2） Chorus Reading
（3） Buzz Reading (*or* Free Reading)
（4） Individual Reading

　久保野氏の「授業の流れ」は日本語で書かれていたが、指している手順はまったく同じである。まずModel Readingは「教師による範読」となっている。その目的は音読の全体的な感じを生徒につかませ、音読の到達目標を示すことにある。区切り、抑揚、リズムに注意して聴かせると書いてあるが、これはそれらの音声特徴を分析的にとらえるという意味ではないであろう。教師の範読を聞きながらそれらすべてに注意させることは事実上むりである。しかし漠然と聞くことのないように、それらの音声特徴にできるだけ注意しながら聴くように指導することはできる。つまり、これはモデルを聴く場合の態度についての注意である。
　次の「一斉練習」はChorus Readingに相当するもので、ひと区切りずつ教師のあとについて読む練習、続く「個人読み」はBuzz ReadingまたはFree Readingに相当する活動で、生徒各自が自分のペースで行う練習である。久保野氏の「個人読み」にはIndividual Readingまでが含まれている。これは数人の生徒に数行ずつ読ませる活動で、この場合の指名の仕方は、生徒によって読みの完成度が違っているので注意が必要である。まだ練習が足りないと感じている自信のない生徒を指名することは避けたほうがよいかもしれない。通常のやり方は、自信のありそうな生徒を指名するか、挙手をさせて指名する。
　従来の多くの授業はここで終わることになる。あとは、家に帰ってから各自でよく読む練習をしなさいと教師が言い、先生の言いつけを守る生徒はそれを実行するが、大部分の生徒はそのまま終わってしまう。次の授業の復習のときに指名して個人読みをさせれば(これは実際によく行われているが)、家庭での音読練習実行者は増えるかもしれないが、それだけで全員に実行させることは期待できないであろう。その理由は、音読の目的が曖昧だからである。何のための音読なのかということが、生徒が納得していないからである。もしかすると、教師自身が明確な目的意識を持っていな

いかもしれない。これでは効果が上がらないのは当然である。それにもかかわらず、このような音読指導が(指導というに値しないものであるが)いわばルーティーンとして行われているのが現状ではなかろうか。「音読練習は必ず授業の中で実施しているのですが、生徒はなかなかうまく読めるようになりません」などという先生方の嘆きをしばしば耳にする。はっきり言って、効果が上がらないのは、音読の目的を明確にしていないからである。

　テキストの内容を理解させることがその授業の目的であるならば、音読の必要はない。音読は、これまでたびたび述べてきたように、理解したテキストをスピーキングに発展させるための基礎練習なのである。従来のやり方でも、國弘正雄氏が中学生時代に実行されたように、学校で習ったテキストの音読練習を積み重ねて、自力でスピーキング能力を獲得した人はいないことはない。しかしこれは英語に特別な興味を持った一部の生徒に限られる。スピーキングの能力を養うためには、実際に生徒に英語を話すチャンスをできるだけ多く与えなければならない。久保野氏も、次のように、筆者のこの考えをサポートしている。

　　「話す力」を育てるためには、実際に「話す経験」を積む必要がある。しかし、学校の授業でこれを十分に確保することはむずかしい。限られた時間で「話す」経験の不足を補う必要がある。そのもっとも有効な方法が「音読・暗唱」である。またこの活動は、運動部の走り込みや筋トレのように、英語の基礎体力増強の手段としても効果が高い。(『英語教育』2003年1月号、大修館書店)

このように、音読はスピーキングの力を生徒につけさせるための最初のステップであると考えるとき、生徒も教師も、音読の目的をしっかりと意識の中に捉えることが可能になる。

　しかし音読とスピーキングの間には大きな距離がある。その距離を縮めるのが Read and Look-up である。これはまず教師がテキストのひと区切りを音読し、生徒はテキストを見ながら聞く。次に生徒は顔を上げて、そのひと区切りを教師に向かって言う。区切りが短かすぎると容易すぎるタ

スクになってしまうので、意味のまとまりごとに、区切りをすこし長めにとる。それがうまくできたら、こんどは教師が Read と言い、生徒はテキストを見る。次に教師が Look up と言い、生徒は顔を上げて今見た英語を言う。全体で一度やったあと、各自に自分のペースで練習させる。この練習により、一瞬ではあるが、生徒はテキストから目を離して英語を口に出すことになる。これで音読からスピーキングに一歩近づいたことになる。

レシテーションについて

　久保野氏の授業の最後はレシテーションの活動である。レシテーションは「暗唱」のことであるが、「暗記」や「暗唱」という語にネガティブに反応する生徒がいるので、本書ではあえて「レシテーション」という呼び方を採用している。レシテーションの活動をするさいに、これはテキストの丸暗記とは違うということを、教師は生徒に対してはっきりと宣言するとよい。事実、テキストを丸暗記しようとする生徒は必ず失敗する。すでに先に述べたように、文章を丸暗記しようとすると、人は内容よりも形式に意識がいく。そして丸暗記したものを再生しようとするときにも、内容よりも、次にどんな語句が続くかという形式のほうに意識がいってしまう。それは通常のスピーキング活動とは非常に異なるものである。我々は、話すときには内容に意識を集中している。言語形式はほとんど意識には上がらないのが普通である。したがって、もし教師が生徒に対して「テキストを暗記してそのまま言いなさい」と言うとすれば(多くの教師はしばしばそのように言う)、それは大きな誤りである。そうではなくて、「テキストの内容をわかりやすく自分のことばで表現するようにしなさい」と言うべきである。この一言で、生徒のレシテーションへの取り組み方は大きく変わるはずである。

　Read and Look-up ができるようになったら、いよいよ本格的なレシテーション練習である。まず生徒の教科書を閉じさせる。教師がモデルを提示する。もちろんテキストを見ないで言うようにする。言いながらキーワードを板書するとよい。次にクラス全体での一斉練習、個人練習を経て、最後に自信のあるボランティアの生徒を募集し、数人に発表させるという手

順で進める。1時間の授業ですべての生徒に発表できるだけのレベルに到達させることは不可能なので、次回に発表できるように練習しなさいと伝えて授業を終える。

5. 授業の展開

　前節に述べた「授業計画」が実際にどのように展開したかを、ビデオによって見てみよう。できるだけ詳しく記述するつもりであるが、授業中に起こったすべての事柄を紙面に記述することは事実上不可能であり、またその必要はないであろう。授業の展開を理解するのに重要と思われる事柄は見逃さないようにするつもりである。

Warm-up
　生徒を英語の授業の中に引き込むために、どのように授業をスタートするか。これは教師の腕の見せ所である。久保野氏のこの授業は、本時のトピックのキーワードである the United Nations や symbol を口頭で導入することからスタートしている。これは「授業計画」では新教材の口頭導入で行う予定のものであるが、その一部を授業の最初に持ってきたものである。
　まず自分たちの学校の歴史と校章の意味について、生徒と次のようなインタラクションが行われる。

T : How old is our Tsuku-koma?
S : Fifty years old.
T : Right. Our school is 50 years old. So our school was made, or founded, after the Second World War. Actually, our school was founded in 1947. So this year we had the 50th anniversary, right?
S : (Nod.)
T : We have a symbol of our school. What kind of symbol or design do we have?

（教師は 3 つの麦からなる校章の絵を黒板に描きながら、その意味を説明する。）

T : What does this design show? When our school was founded, our school belonged to the farming department of the college. This design shows that farming is very important in our country.

T : Our school was founded in 1947. Two years before that, something very important was founded. What do you think was founded in 1945, immediately after the Second World War?

S : *Kokuren*.

T : Right. *Kokuren* was founded. In English it is called . . . ?

S : The United . . .

T : The United Nations. Repeat after me: The United Nations. Today we're going to learn about the United Nations later in this lesson.

復習活動：レシテーション

レシテーションの発表活動に入る前に、まず教科書を開いて音読の復習をする。生徒は先生のモデルについて一文ずつ読む。このとき生徒がつまずいたら、もう一度読む。次に Read and Look-up の方式で、言うときには顔を上げる。

復習テキスト

This is a report made by a Saudi Arabian astronaut.
The first day or so, we all pointed to our countries.
The third or fourth day, we were pointing to our continents.
By the fifth day, we were aware of only one earth.

それが終わると教科書を閉じさせ、先生がテキストの文章を言いながらキーワードを板書する。次に先生がキーワードを指しながらモデルを示すと、生徒があとについてリピートする。次に先生はキーワードをさすだけでモデルを示さない。音声のみを単純に模倣させないためである。生徒は

自力でセンテンスを再生する。このパタンで1行ずつ練習していく。

板書のキーワード		
report		Saudi Arabian
1st ～	→	countries
3rd or 4th	→	continents
～ 5th	→	only one

　一斉練習から個人練習を経て、最後に数人のボランティアの生徒に前に出てきてもらって、クラスの仲間たちに向かって発表させる。キーワードの書いてある小黒板は、発表する生徒が見やすいように、生徒の側方に移動してある。発表する生徒たちはみんな自信に満ちた堂々たる発表をしている。みな仲間に内容を伝える「話す活動」になっている。

内容理解の活動：オーラル・イントロダクションとリスニング
　久保野氏のオーラル・イントロダクションは、単に教科書のテキストに書かれた内容にとどまらず、教科書には出てこない関連情報もふんだんに与えることで、中学3年生の知的好奇心を刺激し、興味を喚起するような工夫がなされている。これは非常に大事なことである。また、復習から新教材の導入へのつながりも、次のようにスムーズに入っていくように工夫されている。

T： Now, what is the message in this report? On the earth, there're a lot of battles, fightings, among many countries. But we're all living on the earth, only one earth. So we have to stop fighting against each other. This is also the purpose of the United Nations.
（ここから新教材の導入に入る）
T： How many official languages does the United Nations have? Do you know?
S：...

T : Official languages. Not so many official languages. Actually there are six official languages used in the United Nations. Can you name all of them? Is Japanese included?

S : No.

T : Right. Only one Asian language is included.

S : Chinese.

T : Right. Chinese. Of course, English is included. And three other European languages. What are they?

S : German?

T : German is not included, because Germany was defeated in the Second World War. English and . . . ?

S : French.

T : French and . . . ?

S : Spanish.

T : And?

S : Russian?

T : Right! Russia is a very large country. And one more language. It is spoken in the Middle East.

S : India? Arabia?

T : Arabic! Right. Great! These are the official languages used in the United Nations.

（国連本部のピクチャーを示して）

T : Look at this building. What's this? This is a picture taken in New York City. This is the headquarters of the United Nations. And many other important buildings are also in New York City. Now let's listen to Ms. Green's lecture.

ここからテープによるリスニング活動に入る。

テープによるリスニング活動

I'm going to tell you about international flags. I'm sure all of you have seen this flag.

This is a blue flag with the design in the middle. The design shows a map of the world with two olive branches around it. Olive branches are a symbol of peace.

The flag means that world peace is very important.

A. グリーン先生が説明した旗を選びましょう。

(1)　　　　　(2)　　　　　(3)

テープを聴いたあと、内容に関するＱ＆Ａで生徒の理解度をチェックする。

T: What is the flag like? What color is it?
S: Blue.
T: What is on the flag?
S: Olives.
T: And anything else? What kind of design does the flag have? Now, listen again.

再度テープを聴いて、生徒は最後の質問に答える。その後、教師はOHPを使って国連旗についてさらに詳しく説明をする。

（久保野氏の授業風景）

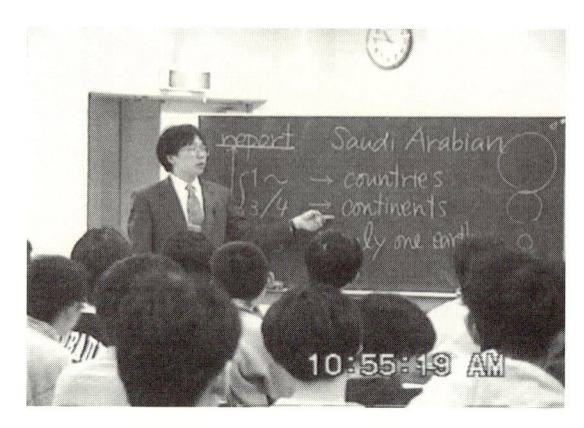

先生がキーワードを指しながら、レシテーションのモデルを示す。(p. 126)

キーワードを見ながら生徒が皆の前でレシテーションの発表をする。(p. 127)

別の生徒が同様にレシテーションの発表をする。

発表活動：音読とレシテーション

　音読は、授業計画に従って、① 教師による範読、② 教師のあとについて読む一斉練習、③ 指名された生徒による個人読み、の順序で進む。教師は常に強勢とリズムについて細かく指示する。たとえば、an international は言いにくいので、an inter / national のように区切って言い、それぞれに強勢を置いて言わせる。また、This is a blue flag / with the design in the middle. の文では、blue と design に最大の強勢（音調核）を置いて言わせる。そうすると英語らしいリズムになる、など。

　続いて Read and Look-up に進むが、音読で注意されたリズムがここでも崩れないように、生徒は常に注意を促される。そのために、区切りとリズムがしっかりと保たれなければならない。特に長いセンテンスでは、区切りを間違うとリズムが崩れてしまうので注意が必要である。

　授業の最後はレシテーションの練習と発表活動である。レシテーションの練習は、これも授業計画に従って、① 教師によるモデルの提示、② キーワードを見ながらの一斉練習、③ 個人の自由練習へと進む。最後に、生徒の発表で本時は終わりとなる。続きは次の授業の復習で行うことを予告し、授業は終わる。

レッスンの最終発表活動

　久保野氏は、このレッスンの指導の間に、生徒たちにいろいろなシンボル・マークについて調べさせ、レッスン終了後の 1 時間を取って発表会を行っている。そのプリゼンテーションの様子がビデオに収録されているので、その中からひとりの生徒の発表を紹介してみよう。

　この生徒はギニアの国旗についてのプリゼンテーションを行っている。ギニアの国旗の写真を黒板に貼り、それをさしながら説明をする。英語にはややぎこちなさはあるが、クラスの仲間たちにメッセージを伝えるという気持ちが伝わる堂々たる発表である。次は彼の話した英語をテープから書き起こしたものである。

生徒の発表

African countries made their national flags when they became independent of the European countries.

Most of their national flags have three colors. They are red, yellow, and green. For example, Guinea, Ghana, Senegal, Mali, Cameroon.

I'm going to tell you about Guinea's national flag.

It has three colors, and I think it is like the national flag of France. Red stands for the bravery of people fighting for their independence from France. Yellow stands for national wealth. Guinea produces a lot of diamonds, gold, oil, and so on. Green stands for plants. Guinea has a lot of tropical plants.

Thank you for listening.

ビデオを見ての学生の感想

最後に、神奈川大学・高橋一幸氏のゼミの『英語教師入門——第2号』から、このビデオによる授業分析を行った学生のレポートを一点紹介することにする。これは久保野氏の授業の特徴をよく捉えたすぐれたレポートであるが、その中から、最後の総評に当たる部分を抜粋する。

ビデオによる授業分析の感想

実践ビデオをひと通り見て、生徒たちの話す英語がとてもしっかりしていることに、また、彼らの自信あふれる発表に感動を覚えた。発音もアクセントも中学3年生とは思えないくらいしっかりしたものである。しかも、1人だけとか、2, 3人だけでもない。みんながそうである。

教科書の内容をある程度説明して、それから教科書を開く。何度かリピートさせて、次に生徒だけで言わせて、さらに個人で言わせる。ある程度言えるようになったら、黒板に書いてあるキーワードを見て、

話させる。教科書前文を必死に覚えるのではなく、キーワードをおさえて文を言う。これにより、生徒たちの負担が軽くなっているような気がした。重点を置いて、文を音読することの大切さを授業中に何度となく繰り返し、その日々の繰り返しが最後の生徒の発表に影響しているのだと感じた。

　私が高校の時に受けた授業と比べて、生徒が発言する機会が圧倒的に多いと感じた。英語という、新鮮なことばを学習しているのだから、先生は生徒に英語を話す機会をできるだけ多く与えるべきなのである。当然のことだとは思うが、そういう授業は意外と少ないのではないだろうか。

　生徒は発表する機会があると、すごく頑張ろうと思うものではないだろうか。発表の機会があればこそ、授業中もしっかりと練習をする。練習する時も、発音、ストレスなど、上手に読むポイントをしっかりと指導することで、生徒の上達につながっていく。うまくなっているという生徒の実感が先生の授業への信頼となっているようだ。教師のちょっとしたアドバイスの大切さがたくさん学べた。

　現行の学習指導要領では、「実践的コミュニケーション能力を育成すること」が大きな目標として取り上げられている。それを受けて現在、中高の授業では information gap を設定した言語活動が盛んに行われている。これ自体は望ましいことだと思うが、派手な言語活動にばかり目を奪われることなく、地味だけれども、英語授業の基礎基本である「音読」することにも力を入れ、しっかりとした土台を築いた上で、それを創造的な話す活動に結びつけていくことが大切だと感じた。

（神奈川大学4年　友利佐和子）

6.　ま　と　め

　日本人の英語学習者の多くが「英語を話せるようになりたい」と思っている。中学生や高校生だけでなく、大学生もそうである。このことは英語

学習の目的に関するさまざまな調査が明らかにしている。おそらく、一般の日本人の多くがそう思っているに違いない。しかし英語のスピーキング能力を育てるためには、実際に「話す経験」を積まなければならない。日本人の多くが中学・高校6年間の英語学習のあとに「ちっとも話せるようにならない」最大の原因は、英語で「話す経験」を積んでいないからである。たしかに、学校の授業の中ですべての生徒に英語で話す経験を十分に与えることはむずかしい。そしてその最大の困難点がクラスサイズと授業時間数にあることは多くの専門家の指摘するところである。もしかすると、英語の教師たちの多くが、自分たちの生徒にスピーキング能力をつけさせようというような希望を捨ててしまっているのではないかと危惧される。物事はすべて、諦めたらそこで終わりになる。

　幸いにクラスサイズは少しずつではあるが改善されつつある。もう一方の授業時間数のほうは、普通課程の学校教育において現在以上に多くの時間数を確保することがきわめて困難である。これは英語に限らず、すべての教科がそうである。やはり限られた授業時間の中で、もっとも効果的な方法を案出するほかに方法はない。したがって、学校の授業では必要最低限の指導をし、残りは生徒たちの自主的な学習にゆだねるということが重要な課題となっているわけである。我々がここで提案している「音読からレシテーション、スピーチへ向けての指導」は、まさにこれらの要求に応えることのできる方策なのである。

　すなわち、それは第1に、すべての生徒に対して、可能な限り多くのスピーキングの機会を与えることを目標として授業を構成する。第2に、その機会を最大限に活用する方法（音読とレシテーションの方法）をきめ細かく指導することによって、それぞれの生徒に対して、授業の内外で自己訓練を促すようにすることができる。今の生徒たちは、たいてい（もちろん例外はあるが）、他人の前で発表することを好む。いざ発表となると、良いところを見せようと一生懸命になるものである。このような経験を幾度か積み重ねることによって、久保野氏の授業で見たように、すでに中学3年の段階で、生徒たちは自分の話す英語に自信を持ち、他のクラスメートの前で堂々としたスピーチを行うことができるまでに成長するのである。

〈参考文献〉

久保野雅史．1999．「音読、レシテーションからスピーチへ」『研究収録』筑波大学附属駒場中・高等学校

久保野雅史．2000．「音読指導の基本」『楽しい英語授業』（vol. 18）明治図書

久保野雅史．2001．「中・長期的視点に立つ授業設計」『STEP 英語情報』（7-8月号）(財)日本英語検定協会

久保野雅史．2002．「私の授業：口頭練習の徹底から創造的表現活動へ」『英語教育』（10月号）大修館書店

久保野雅史．2003．「音読で話す力をつける」『英語教育』（1月号）大修館書店

國弘正雄・久保野雅史ほか．2001．『英会話・ぜったい・音読〈入門編〉』講談社インターナショナル

高橋一幸ゼミナール(編)．2001．『英語教師入門──第2号』神奈川大学外国語学部

DVD『6-way street（上巻、下巻）』（菅正隆、北原延晃、久保野雅史、田尻悟郎、中嶋洋一、蒔田守）バンブルビー & メディコム

第7章 コミュニケーション能力と音読

1. はじめに

　周知のように、「実践的コミュニケーション能力の育成」というのが今の学習指導要領に掲げられている中学校・高等学校の外国語（英語）の目標である。ちなみに、中学校学習指導要領（1998年12月改訂）と高等学校学習指導要領（1999年3月改訂）の外国語の目標を掲げておく。

　中学校の目標： 外国語を通じて、言語や文化に対する理解を深め、積極的にコミュニケーションを図ろうとする態度の育成を図り、聞くことや話すことなどの実践的コミュニケーション能力の基礎を養う。

　高等学校の目標： 外国語を通じて、言語や文化に対する理解を深め、積極的にコミュニケーションを図ろうとする態度の育成を図り、情報や相手の意向などを理解したり自分の考えなどを表現したりする実践的コミュニケーション能力を養う。

　以上の目標は中学校と高等学校では若干の違いはあるが、両者とも実践的コミュニケーション能力（またはその基礎）を養うという点で共通していることがわかる。このように実践的コミュニケーション能力の養成ということを前面に押し出した外国語の目標は、これまでの学習指導要領の歴史でも初めてのことである。これは、もっと役に立つ英語教育をという世間

の声と、グローバルなコミュニケーションという時代の要請を勘案した、文部科学省苦心の作であると言ってよいであろう。

この学習指導要領についてもう一つ注目すべきことは、中学校では「聞くことや話すことのなどの実践的コミュニケーション能力の基礎」となっていることである。つまり、コミュニケーションの基礎は、読んだり書いたりする前に、聞いたり話したりする能力を獲得する必要があるということである。これもこれまでの学習指導要領の歴史の中ではじめてのことである。しかし、これはすべての現代語の学習はそうあるべきだという学習理論に即したもので、当然のことであると言わねばならない。むしろ、遅きに失したとも言える。

さて、実践的コミュニケーション能力の養成が外国語の目標であるとして、日本の学校教育はその目標に即した指導ができるのであろうか。そのような指導が可能な環境が整っているであろうか。教師は本当にそのような指導ができるのであろうか。教材はどうか。生徒の意識はどうか。そもそもコミュニケーション能力とは何であろうか。そしてこの本で提案している音読は、コミュニケーション能力とどんな関係があるであろうか。

2. コミュニケーション能力とは何か

まず「コミュニケーション能力」の中身から考えることにする。これは複雑な概念で、ちょっと考えても、それにはさまざまな能力が含まれていると思われる。それはどのような構成要素あるいは下位能力から成るであろうか。

日本語の「コミュニケーション能力」は英語の 'communicative competence' と同義と考えてよいであろう。すると、海外ではこれに関する研究が数多くなされている。その中で特にカナーレイとスェイン（Canale and Swain, 1980）の説が最もよく知られており、また有用である。

彼らは次の4つの下位能力を認めている。

（1） 文法的能力（grammatical competence）： 語彙、統語、音韻な

どの言語形式を操作する能力である。ここで言う「文法的」は広義の文法をさす。
（２）　**社会言語学的能力**（sociolinguistic competence）：　言語が使われる社会的文脈を理解し、その場にふさわしい言い方で表現できる能力を言う。つまり、場面における発話の適切さを判断し、また表現できる能力である。
（３）　**談話的能力**（discourse competence）：　一連の発話や文章をまとまりのあるものとして理解し、与えられた文脈において一貫した発話や文章を構成する能力を言う。
（４）　**方略的能力**（strategic competence）：　自分の言語技能の不完全さを補うために、いろいろなストラテジーを用いてコミュニケーションを続行する能力。言い換え、母語や他の言語からの借用、身振り、話題の回避などのストラテジーが含まれる。

　コミュニケーション能力をこのようにとらえると、従来の英語の指導は、どの指導法によるとしても、きわめて不充分であったと言わなければならない。そこで、これまでわが国で用いられてきた代表的なものとして3種類の指導法を取り上げ、それらがどのように不充分であったかを次に検討してみよう。取り上げる指導法は「訳読法」、「オーラル・メソッド」と「オーラル・アプローチ」、および「コミュニカティブ・アプローチ」である。
　なお「オーラル・メソッド」と「オーラル・アプローチ」はその成立の背景が非常に異なるものであるが、「言語学習の初期においては徹底した口頭練習を行う」という基本的な考え方で共通しており、その指導技術にも共通点が多いので、ここでは一つに扱うことにする。

3.　従来の指導法とコミュニケーション能力

　まず「訳読法」であるが、これは英文が読めるようになることを当面の目標としているから、教室での主な作業は、英文を語彙と統語の面から分析し、日本語によって意味を正確に取ることである。したがって、そこで

第 7 章　コミュニケーション能力と音読

扱っているのは、(1)の文法的能力のうち、読解に必要な語彙的・文法的知識であると言ってよいであろう。そこで学んだ知識を使って発話や文章を構成するという能力までは求めないのが普通であるから、訳読法によって本当の意味での「文法的能力」を獲得することはほとんど期待できないわけである。なぜなら、本当の意味の「文法能力」というのはコミュニケーション能力の下位能力であり、それは上位のコミュニケーション能力に結びつくものでなければならないからである。まして、この指導法によって(2)以下の「社会言語学的能力」や「談話的能力」、さらに「方略的能力」などは望むべくもない。

　なんと言っても、「訳読法」の致命的欠陥は音声の無視ということにある。無視とまではいかなくても、この指導法ではどうしても音声指導は二次的にならざるを得ない。「訳読法」でも音読を指導することはできるが、それで音声言語を習得させることはまず不可能である。音読に力を入れているのに、なぜ生徒は読めるようにならないかと疑問をもつ教師が多いが、それは授業で音声言語を二次的にしか扱っていないからである。しょせん「訳読法」は、ヨーロッパではギリシャ語やラテン語などの古典語を教えるために、またわが国では中国古典の漢文を教えるために工夫された指導法であり、現代語の学習にはまったく不向きな、はっきり言ってダメな指導法なのである。

　そもそも言語によるコミュニケーションは音声を用いる場合と文字を用いる場合とがあるが、母語の場合には音声言語から文字言語へと進むのが自然の順序であり、その逆は通常の習得ではあり得ない。しかし外国語の場合には、その逆の順序で学習が行われることがこれまでしばしば見られた。しかしこれは論理的に不自然な順序であり、実際にそれは不可能ではないとしても、学習者に異常なほどの努力を要求するものであった。まず音声を無視して文字の連なりから意味を取るという活動は、暗号解読と同じく高度に熟練した技能が要求される。さらに、意味が取れたセンテンスに音をつけていくという活動は、その言語の音韻システムをまったく知らない者にとっては、まことに至難のわざである。せいぜいモデルを与えてもらって、それをそっくり真似することくらいしかできないであろう。と

ころが21世紀の今日においても、それほど極端ではないとしても、これに近い曲芸的英語学習法を強いている教師は皆無ではないのではなかろうか。

では「オーラル・メソッド」や「オーラル・アプローチ」はどうか。これらはいずれも音声を重視するという点で「訳読法」とは大きく異なる。もちろんそれらの授業でいっさい訳読をしてはいけないというのではない。リーディングやライティングの授業は別として、中学校の英語、および高校の一般コースの英語(「オーラル・コミュニケーション I、II」および「英語 I、II」)では音声言語を第一義に取り扱うべきだということである。この点はいくら強調しても強調しすぎることはない。音声言語を第一義に取り扱うということは、授業で単に音声を重視するということではない。教師も生徒もできるだけ多く英語を聞いたり話したりするということである。自分は音声を重視していると言いながら、授業でほとんど日本語を使う教師は看板に偽りありと言わなければならない。音声を第一義にする指導は、どのレベルの指導であろうと、教師と生徒の発言の少なくとも半分以上が英語でなければならない。「オーラル・メソッド」と「オーラル・アプローチ」はこの点で合格である。

ではこれらの指導法の問題点は何か。それは、これらの指導法を熱心に行っても、なかなか実践的コミュニケーション能力には達しないという批判に集約される。そのような批判が生じる大きな原因は、これらの指導法では結局のところ、文型やパタンの練習に終ってしまうことにある。「オーラル・メソッド」の「定型会話」(conventional conversation)や「オーラル・アプローチ」の「文型練習」(pattern practice)は、しょせん言語形式を操作するための練習である。それは文法技能の基礎練習ではあるが、そこで得た知識や技能が必ずしも実際のコミュニケーションに結びつくわけではないのである。また、これらの指導法でよく用いられる英語による questions and answers の活動も、テキストの内容を理解しているかどうかをチェックするだけのもので、答えはあらかじめ決まってしまっている。したがってそこには新しい情報の授受がまったくなく、実際のコミュニケーション場面における会話とは異質の種類の活動である。そこで教室での練習が実際場面につながらないという批判が出てくるわけである。

このような批判は「オーラル・メソッド」や「オーラル・アプローチ」への正当な批判と言えるであろうか。それらが直ちにコミュニケーション能力につながるものではないという点では、それらに対する批判にも一理あるように見える。しかし、これらはもともと外国語の基礎を作ることを目的として考案された指導法であって、万能ではないことを考慮すべきである。文型練習を機械的に行っても言語の習得にはならないことは、はじめからわかっていることであった。それが文法操作の基礎練習の一つであって、その練習の後で実際的または擬似的コミュニケーション場面で使ってみる活動が必要だということはわかりきったことであった。事実、このことは多くの専門家がつとに指摘していた。このように考えると、これらの指導法はそもそも万能なものではなくて、先に述べたコミュニケーション能力の中の「文法的能力」を養成する方法であると限定するならば、それらがコミュニケーションにつながらないという批判は的外れであると言ってよいであろう。

　音韻や語彙や統語に関する言語形式を操作する能力を「文法的能力」とすれば、それはコミュニケーション能力の基礎をなす能力であると言える。常識的にも、実際に言語を用いてコミュニケーションを行うためには、まずその言語の音声システムと基礎的語彙・統語の知識を獲得していなければならいからである。英語学習の基礎的段階において音声言語を優先させる「オーラル・メソッド」や「オーラル・アプローチ」に基づく指導は、コミュニケーション能力の基礎となる「文法的能力」を育成することに貢献する。そしてこのことは、これまでわが国における熱心な指導者による実践経験から、十分に実証されているところである。

　では、コミュニケーション能力の他の下位能力はどうか。「社会言語学的能力」や「談話的能力」や「方略的能力」といったものはどうしたら獲得できるのか。それらを教えることのできる指導法は存在するのか。そこで「コミュニカティブ・アプローチ」を取り上げる必要が生じる。

　「コミュニカティブ・アプローチ」は「コミュニカティブ・ランゲージ・ティーチング（CLT）」とも呼ばれ、最近ではその呼び名のほうがよく用いられるので、以下にはこの長い名前のアプローチを CLT と略すことに

する。

4. コミュニカティブ・ランゲージ・ティーチング（**CLT**）と　コミュニケーション能力

　CLT がいつどこで誰によって始められたのかを特定することは困難であるが、それは 20 世紀後半におけるグローバルなコミュニケーションの必要性から必然的に起こったものであることに違いない。一説には、1971 年に西ヨーロッパ 21 ヵ国の協力によって組織された Council of Europe の下部組織 Council for Cultural Cooperation における共同研究に端を発すると考えられている。この会議には各地から応用言語学者たちが集まり、西ヨーロッパ地域の経済的・文化的交流を促進するために、互いの意志疎通を円滑にする外国語教育のあり方が討議された。ここでの研究からウィルキンズの *Notional Syllabuses* (1976) が現れた。これがきっかけとなって、これ以後「ノーショナル・シラバス」や「ファンクショナル・シラバス」の研究が世界的な広がりを見せることになったことは事実である。

　その後コミュニケーション能力の中身に関する研究が進み、「文法的能力」だけではなく、他の「社会的言語能力」などをも考慮して、言語学習の最初の段階から、実際のコミュニケーション活動を授業の中に取り入れて生徒に経験させていこうというのが CLT のねらいとなるわけである。したがって、**CLT** の授業は単に言語形式の理解や操作にとどまってはならない。それぞれの授業において、できるだけ実際的コミュニケーションに近い場面を設定し、学習した言語形式を実際に使ってみる活動を行うことになる。文部科学省の学習指導要領は、こういう授業を積み重ねることによって、目標に掲げた「実践的コミュニケーション能力」を養成しようとするのである。

　では CLT には特定のメソッドといったものがあるかというと、ある決まった方法論があるとは考えにくい。もちろん CLT の研究の中で開発されたテクニックがないわけではないが、コミュニケーション能力の養成に役立つものであれば何を利用してもよいのである。「オーラル・メソッド」

第7章　コミュニケーション能力と音読

や「オーラル・アプローチ」はもちろん、他のメソッドやアプローチで開発されたテクニックを利用してもかまわない。ある場合には訳読法のテクニックでも利用できるものは使ってよいとさえ言える。ただ、CLTに共通する特徴は、単に文法的な能力を身につけさせるだけではなく、場面における発話の適切さとか、一貫したまとまりのある文章を構成する方法とか、コミュニケーションを続行するために必要なさまざまなストラテジーなどを同時に指導していくということにある。

このように述べると、CLTの考え方は現代語の指導法として文句のない、究極の指導法であるかのように思えるかもしれない。たしかに理屈の上ではそのように思える。はたしてそうであろうか。日本中の英語教師がCLTによって授業をするようになったら、日本人の英語のコミュニケーション能力は保証されるであろうか。

理屈はそうであっても、実践はさまざまな条件に左右される。CLTがコミュニケーション能力を獲得させるのに最も有効なアプローチであると主張する人は多いが、その有効性は少なくとも次の3つの条件に左右される。

（１）　**教師の条件：**　CLTを使いこなせる日本人教師はどれだけいるか。
（２）　**環境の条件：**　大多数の日本人学習者にとって英語は外国語であって、第2言語習得とは違うのではないか。
（３）　**'Teachability'の問題：**　そもそもコミュニケーション能力は教えられるのか。

これら3つの条件はCLTが有効に機能するかどうかを決定する重要な条件である。以下にこれらの条件にからむ問題を検討してみよう。

5.　CLTと日本人教師

CLTによって英語を教えるとすれば、教える教師はなるべく英語の母語話者に近いコミュニケーション能力を獲得していることが望ましいと言える。そうでなければ、CLTを使いこなすことはほとんど不可能と思われる。もちろん、教師が教えなくてもビデオやコンピュータを利用して授業をす

ることは可能である。今後よいソフトが作られて、教師の役割が変化していく可能性はある。しかし、有能な教師と同様の仕事をすることのできるソフトが開発されるまでには、まだかなりの時間がかかるのではないか。当分の間は、授業における教師の役割はそう大きく変わらないのではないか。そうだとすれば、英語の教師にできるだけ高いレベルのコミュニケーション能力が要求されることも、当分は変わらないであろう。

　この点で合格点の取れる日本人の英語教師は、全国でどれだけいるであろうか。合格点をどこに置くかはむずかしいが、先ごろ文部科学省は、英語教員の英語力目標値を「TOEFL 550，TOEIC 730，英検準1級程度」とするという構想を打ち出した。しかしこの構想は何年で実現するのであろうか。現在、このレベルに達している人はどれだけいるのか。今のところそのようなデータは存在しないようなので推測するしかないが、中学・高校では10パーセントにも達しないのではないかと思われる。いるとしても、その多くはおそらく海外の留学経験をもっている人たちであろう。我々はさまざまな証言から、日本人がネイティブ・スピーカーなみのコミュニケーション能力を身につけるためには、海外に2年または3年以上居住し、高校や大学で単位を取得することが必要だとされている。ネイティブ・スピーカーなみまではいかなくても、先の条件を満たす日本人教師は、現在のところ、それほど多くないことは確実である。

　ではCLTはネイティブ・スピーカーがよいのではないか、という問いが出されるであろう。この問題はこれまで学会のシンポジュームなどでしばしば議論されてきたので、ここではその議論を省略して、ほぼコンセンサスを得ていると思われる点だけを述べることにする。

　第1に、英語のネイティブ・スピーカー（以下NS）でTESLまたはTEFLの訓練を受け、ある程度の経験をもつ人であれば、有能な日本人教師と同じ効果を期待できると言える。単にNSであるというだけでは有効な指導はまったく期待できない。ただし、まったくの素人でも日本人教師とペアを組んで効果的なティーム・ティーチング（以下TT）を行えば別である。現在わが国ではALT（Assistant Language Teacher）とのTTが広く行われており、その研究も進んでいる。しかしTTを真に効果的に行う

ことはそう容易なことではない。なぜなら、TT が成功するにはさまざまな条件を満たす必要があり、教育現場はそれらの諸条件を満たすにはあまりにも問題が多いからである。その条件の一つとして、日本人教師の英語によるコミュニケーション能力の有無が挙げられるのは皮肉である。

　第 2 に、NS の成否は学習段階と関連がある。中学校から高校の「英語 I、II」に至る英語の基礎づくりを「一般コースの英語」と呼ぶならば、ここに NS を使うのは成功する場合もあり、失敗する場合もある。それは NS の教師としての資質にかかっている。すでに述べたように、TESL または TEFL の訓練を受けておらず、またその経験もない NS はだいたい失敗する。生徒がついてこないのである。しかしその訓練を受けている NS でも、教師としての情熱や指導技術が不充分な人は失格である。さらに日本人の英語学習は完全に外国語学習の環境で行われる。たとえばアメリカにおける第 2 言語としての英語指導で成功した経験が、そのまま日本で通用するとは限らないのである。この点は、次節においてもっとくわしく述べることにする。

　以上に述べたように、中学・高校の「一般コースの英語」においては、CLT によって教えるのは英語のコミュニケーション能力を備えた日本人教師が最適である。NS は必ずしも有効とは限らない。ただし、すでに「一般コースの英語」によって基礎的な英語をすませた学習者には有効であろう。したがって、大学の一般英語などにはもっと NS の教師を入れてよいと思われる。

　そこで本節の結論を述べよう。CLT によって日本人の英語コミュニケーション能力を高めるためには、英語運用力と指導技術を兼ね備えた有能な日本人教師を大量に生み出す必要がある。少なくとも、中学・高校の英語教師の過半数がそのような教師で占められなけらなならない。それは可能であるか。客観的に見て、近い将来において、それが達成される見込みはほとんどない。「実践的コミュニケーション能力の養成」という学習指導要領の目標は、したがって、近い将来の学校教育において達成することはほとんど不可能だと言わねばならない。

6. 英語学習環境——ESL と EFL

　20世紀最後の30年ほどの間に行われた世界における SLA（Second Language Acquisition）の研究はめざましいものがある。そこから言語と言語の学習について発見された事実は興味深いものである。しかしそこでの研究が直ちに我々の英語教育に結びつくとは言いがたい。なぜなら、それらの研究の多くは教育への応用を必ずしも意図していないからである。SLA 研究は今やそれ自体が自律的な研究領域となっている。もちろん中間言語（interlanguage）の研究などに我々の参考になるものは多い。しかし結論の出ているものはほとんど皆無に等しいのである。それは、教えるということがさまざまな複雑な変数によって支配されており、実験室で得られた結果がそのまま当てはまらないからである。

　さらに、日本の英語教育は ESL（English as a Second Language）ではなくて、ほとんど完全に外国語環境における外国語の学習 EFL（English as a Foreign Language）である。この違いは大きい。日常生活において、英語の教室外で英語を使用する必要性はほとんどない。実際に、日本人が日本において外国語である英語を NS 並みに習得することは非常にむずかしく、ほとんど不可能と言ってよいくらいである。英語にさらされ、英語を自ら使う時間と範囲が、母語に比べて格段に限定されるからである。

　このように言うと反論が出るかもしれない。日本に住んで一度も海外に出たことのない人で、英語をマスターした人がいるではないかと。海外での生活を経験せずに、英語を自分の母語とまったく同じレベルで使える日本人というのはまず考えられない。たぶんそこで意味するマスターというのは、もっと限定された範囲のマスターである。

　我々日本人の英語習得は、もしそれが習得と言えるとしても、通常はある限られた範囲でのマスターである。自分の母語でカバーできるすべての話題について、自分の母語と同じレベルで英語が使えるということはまずあり得ない。そのような完全なバイリンガルは、それにふさわしい環境が与えられなくては育つはずがない。しかし日本における通常の環境でも、自分の職業上で必要とする分野や、自分が最も興味のある分野に関する話

題について、自分の意見を英語で発表したり、外国の人々と英語で意見を交換したりする程度のことならば十分に可能である。我々が英語をマスターしたと言うとき、それは通常このレベルに達したことを意味するのである。この意味で英語をマスターした人は、外国に住んだことのない人でもそう珍しいことではない。

　そういうわけで、日本の学校教育で目指すべき英語科の目標は、決して英語の NS と同じようなコミュニケーション能力をもつことでも、自分の母語と同じレベルの英語によるコミュニケーション能力をもつことでもない。アメリカに留学した人は、アメリカ人と同じレベルの英語コミュニケーション能力を獲得したいと思うであろう。それは当然のことである。その場合の英語学習は SLL（Second Language Learning）である。しかし日本人が日本にいて英語を学ぶのは FLL（Foreign Language Learning）であって、SLL や SLA ではあり得ないのである。我々はアメリカ人やイギリス人と同じように英語を使う必要はない。そうなりたくても、日本に住んでいてはその目標はまず達成不可能である。我々は、自分自身に必要なだけ英語をマスターすればよい。その目標は、やりようによっては、誰にでも達成が可能なのである。

　この節のはじめに述べたように、従来の SLA 研究の多くはアメリカなどへの留学生や移民を被験者としたものである。そこで新しく発見された事実がすぐに日本の英語教育に応用できない理由が、これでおわかりいただけたであろう。むろん SLA と FLL は無関係ではない。ある種の共通点がある。ここではその問題は取り上げないが、我々は違う点にも目を向けなければならないのである。

7.　コミュニケーションの基礎的言語能力

　コミュニケーション能力が 4 つの下位能力から成ることはすでに述べた。ここでは、これらのうち「文法的能力」がコミュニケーションの基礎的能力であり、これなくして言語によるコミュニケーションは成り立たないこと、そしてそれはどのような能力なのかについて見てみたい。

コミュニケーション能力の下位能力をもう一度見てみよう。

（１）　文法的能力
（２）　社会言語学的能力
（３）　談話的能力
（４）　方略的能力

　相手の言葉を理解しようとするとき、または言葉によって相手に何かを伝えようとするとき、その言語の音韻システム（書き言葉の場合にはその書記法）と基本的な語彙と統語法を習得していなければ、コミュニケーションは成立しないであろう。そういう意味で、これらに関する能力は言語による伝達の基礎的能力なのである。したがってこの能力を「文法的能力」と呼ぶのは、狭い意味の文法、つまり語形や統語を扱う能力と誤解される恐れがあるので、「基礎的言語能力」と呼ぶのが適切である。以下にも、なるべくこの呼び方を用いることにする。

　「基礎的言語能力」はソシュールをはじめ、チョムスキーなど20世紀言語学者たちの最大関心事であった。したがってこれについての研究は、「社会言語学的能力」などの他のコミュニケーション能力に比べると、ずっと進んでいると言える。進んでいると言っても、むろんこの能力の中身がすべて明らかになっているわけではない。言語学は、ご承知のように、人間の言語能力の根底にある知識を「語彙」「統語」「音韻」「意味」などの分野に区分けして研究し、それぞれの分野においてかなりの言語的事実を明らかにはしている。しかし、人間がそれらの知識をどのようにして獲得していくのかという習得の原理やその使用プロセスの説明には諸説があり、解明から程遠い状態にある。

　たとえば現在の最先端をいく普遍文法理論は、人間の赤ん坊に生得的に与えられている普遍文法がどのようなものであるかを明らかにしようとしている。これは厳密な科学的手続きによって研究がなされているので、最も信頼のできる理論である。しかし、子供が実際にそれらの生得的知識をどのように言語習得に利用しているのかについては、実のところまだよくわかってはいない。まだよくわかっていないから、子供に言語を教えるこ

第7章　コミュニケーション能力と音読

とができるかどうかもわかっていない。1つはっきり言えることは、普遍文法は子供に生得的に与えられているのだから、これは教えられないものであり、またその必要のないものだということである。事実、子供は誰にも教わらなくても自分の言語をものにしてしまうのである。

　第2言語の習得、すなわち SLA の場合はどうか。子供に与えられている普遍文法が SLA にも利用できるかどうか。これについても諸説があり、実際のところはよくわかってはいない。もし利用できるとすれば(すべてではないかもしれないが、おそらく、あるものは利用できるのではないか)、そういう知識は学ぶ必要がないということになる。したがって教える必要もない。学ぶ必要のあるのは、それぞれの言語に特有の規則だけだということになる。そしてそれらは教えることが役に立つかもしれない。

　ここで注意すべきことは、現在研究されている普遍文法というのは、主として統語に関するものだということである。したがって統語に関する基本的な情報のあるものは生得的に与えられており、我々が苦労して学ぶ必要がなく、また教える必要もないということである。

　音韻に関しても普遍的特性があることが知られているが、我々の英語学習からもわかるように、英語には英語独特の音韻システムというものがあり、我々はそれを学ばなければならない。また、それぞれの言語の語彙はもちろん生得的には与えられてはいない。それも我々が苦労して学ばなければならないものである。

　本節に述べたことをまとめると、言語の基礎的能力のうち、言語の普遍的特性に関する知識は生得的に与えられており、それらは学ぶ必要がないものであり、また教える必要もないものである。それ以外の音韻、語彙、統語に関する各言語に特有の特性は学習者が学ばなければならいものであり、したがって教えることが役に立つ可能性のあるものである。

　では、基礎的言語能力以外の「社会言語学的能力」など他の下位能力はどうか。それらはどのように学んだらよいのか。またそれらは教えることができるのか。そもそもコミュニケーション能力というのは教えられるのか。これらの問いは答えるのがむずかしいが、避けて通るわけにはいかないであろう。

8. コミュニケーション能力は教育可能か

　コミュニケーションを円滑に遂行するためには、「基礎的言語能力」だけでなく、「社会言語学的能力」や「談話的能力」、「方略的能力」が必要であることは常識的にもうなずけるところである。しかしこれらの能力を英語学習の最初の段階から意識的に学ぶ必要があるとすると、生徒の負担は過重なものとなる危険がある。そうかと言って、研究好きな教師にとって、これらの能力をまったく無視することはできないであろう。学校における授業時間はきわめて限られている。学習指導要領は、言語の働きについて、中学校1年生の段階から意識的に指導するように書いている。良心的な教師は大いに悩むわけである。

　そこで大胆な提案を行うことにする。学習指導要領は指導の一般的指針を示したものではあるが、教師は授業時間数やクラスサイズなどの条件を無視して授業を進めるわけにはいかない。我々は与えられた劣悪な条件で最善を尽くすだけである。我々にできることは何か。中学・高校のいわゆる「一般コースの英語」においては、まず「基礎的言語能力」の養成に集中することである。むろん「社会言語学的能力」などの他の能力をまったく無視するというのではない。それらにもできる限りの考慮を払う。しかし生徒の学習の中心は英語の基礎的音声と語彙と統語の習得に置く。教授の中心もそこに置く。その提案理由は以下のようである。

　第1に、言語学習の最初の段階から言語の形式や意味や機能のあらゆる面に注意を払うことは、実際的に不可能だからである。子供の言語習得がそうであるように、最初はまわりの人々が使う言語の音声に注意を傾け、それに含まれる内容を理解しようと努め、理解できたら自分でもその音声が出せるように発音器官を制御するための訓練をする。次に、自分に関心のある語彙をできるだけ多く記憶する。子供は、言葉遊びなどをしながら上手に語彙を増やしていく。それとほとんど同時に、記憶した語彙を使って発話を組み立てながら基本的な統語法を習得していく。これらが言語学習の基礎であり、これらの習得だけでも大変な仕事である。子供はその学習に少なくとも数年を費やす。自分の発話が社会的なコンテクストにおい

て適切であるかどうかなどを学習するのは、他の人の発話がだいたい理解でき、自分で言いたいことが何とか言えるようになってからでも遅くはないのである。

　第2に、言語の学習は経験が必要である。我々は母語である日本語について実にさまざまな種類の知識を所有している。それらの知識の一部は生得的なものではあるが、その多くは経験によって獲得したものである。日本語の複雑な音韻システムと統語システム、そして実に豊富な語彙、これらは経験することによって獲得したものである。さらに日本語の敬語システムは、日本人にも習得がむずかしい。その知識も単に親から教えられたというよりも、経験することによって身につけたものである。言語に関する知識は、教えられてすぐに身につくものではない。その習得は経験することが必須である。ところが、教室は知識を伝達することを比較的に得意とするが、言語の学習においてコミュニケーションそのものを経験させることは大変にむずかしい。特に、社会的言語能力に含まれる発話の適切さなどを経験させることは至難のわざである。このことは英語教師ならば誰でも知っている。教室では基本的な音声や語彙や文法規則をある限定された場面で使ってみる活動は可能であるが、言語活動はどんなに工夫しても擬似的コミュニケーション活動にしかならず、本物のコミュニケーション活動にはなりにくいのである。

　上記と関連して知識と技能の問題がある。つまり、言語に関する知識は言語を用いる技能と同一ではないということである。知識は情報であるから、言語に関する知識の多くは言語によって伝達することが可能である。たとえば英語の3単現の規則は、およそ「主語が3人称単数で述語動詞が現在形ならば、その動詞に -s をつける」のように言うことができる。この規則は知識として伝達が可能である。そして上手に説明すれば中学生にも理解させることが可能である。ところがこの知識を発話に際して実際に用いることができるかというと、大学生でもできない者が多い。これは、知識とそれを用いる技能とは違うからである。技能は実際に使ってみて、幾度も誤りを犯し、反省し、修正し、学習者自身が納得するシステムに仕上げていくプロセスが必要なのである。それは学習者に大変な時間と努力を

要求する。そもそも、学校でできることは実践的コミュニケーション活動の中のごく限られた範囲の活動だけである。我々教師はこのことを銘記すべきであって、何でも取り入れようとすると虻蜂取らずの状態になる。最近のわが国の英語指導は、明らかにそのような兆候を示している。

9. 言語学習における反復練習の役割

　言語学習には、反復練習を必要とする部分と、創造性を発揮すべき部分との二面性がある。このことは20世紀における2つの学習理論の対立にも見られる。前者は、学習の本質は習慣形成であるとした行動主義学習理論が重視したものである。後者は、言語使用の本質は創造性にあるとしたチョムスキーによって強調されたものである。どちらが正しいか。人間の言語使用が創造的活動であるとすれば、その活動は習慣形成理論によって説明ができないことは明らかである。行動主義による言語学習理論は、かつてチョムスキーによって徹底的に論破された。理論的にチョムスキーが正しい。しかしそれにもかかわらず、言語には規範的な要素があり、それらの学習には習慣形成的な面があることを否定することができないように思われる。

　ただし、急いで付け加えておかなければならない。言語学習に習慣形成的な面があるというのは、学習の一部に反復練習によって自動化することを必要とする活動があるという意味で、かつての行動主義に基づく学習理論を擁護するものではない。刺激・反応と強化による学習理論は、明らかに、人間の複雑な言語行動を説明できるものではないのである。ここで反復練習というのは、単なる機械的な反復ではなくて、リハーサルと言うべきものである。リハーサルは、繰り返すごとに学習者に新しい気づきをもたらす可能性のある活動である。したがって、学習者自身が自分の進歩の度合いを確認することのできる活動である。

　ここで、語彙学習を例に取って考えてみよう。言語の話者は、一般に、自分の言語について数千から数万の語彙を所有していると思われる。明確な数は個人によって違うし、語の数え方によっても違ってくるので、これ

はあくまで大雑把な数である。ある調査によれば、英語を母語とする大人では6万か7万の語彙があるという。人がどのようにして語彙を獲得するかは興味のある問題であるが、ここで深くは立ち入らない。とにかく、我々は日常的に言語に接して、それを使用する中で語彙を獲得していくのである。我々の語の使用も創造的であり得るけれども、少なくとも最初のうちは他の人々が使うように使うしかない。「テーブル」は、他の人々がそう呼ぶからそれに従う。「いす」も、みんながそう呼ぶから私も「いす」と言う。そこには創造性を発揮する余地はほとんどない。慣習による規範に従うしかないのである。

さらに人々は語をいくつか連ねてある決まった形のフレーズにして使う。それらの中にはイディオムのように常に一定の形で使うものや、一部を他の語と入れ替えて使うことのできるものもある。それらのフレーズは、一般に「定型表現」(formulaic expressions)と呼ばれる。言語の話者は自分の言語について、こうした定型表現を数多く所有していて使用する。こういうものも我々は経験によって獲得する。英語の 'table' と 'chair' を辞書で見ると、次のようなフレーズが載っている。

（a） Several new proposals were *put on the table*. （提出された）
（b） In their first game John beat Peter, but in the next game Peter *turned the tables* and won easily. （形勢を逆転した）
（c） I *almost fell off my chair* when I was told they were married. （大いに驚いた）
（d） The murderer will be *sent to the chair*. （死刑に処せられる）

これらのフレーズは、その中の一部の語を入れ替えることのできるものもあるが(たとえば put on the table を laid on the table に、almost fell off my chair を nearly fell off my chair に)、だいたいこのような形で使うので「定型表現」と呼んでよいであろう。我々はこれらの定型表現を知らなくてもコンテキストから意味を類推できることが多いが、それらを知らなければ、実際場面ではまったく使うことのできないものである。

さらに、本書でくわしく取り上げたように、我々は定型表現をもっと広

く解釈する。たとえば、次の文章は中学校の教科書から取ったものであるが、イタリックの部分のフレーズは通常の定義では定型表現とは言わないと思う。しかし、これらはそのままでも日常的に使用の可能性の高いものであり、その中の一部の語を入れ替えればさらに頻度が高くなる。こういうフレーズも我々は「語彙チャンク」と呼んで、定型表現と同様に指導の対象として扱った。

> My sister is one of many *overseas volunteers from Japan*. These days *more and more young people* join the JOCV or NGOs to share their knowledge and skills with *people in other parts of the world*.
> （*New Horizon English Course* 3）

外国語として英語を学ぶ過程において、学習者はこうした定型的表現や「語彙チャンク」を豊富に貯蔵することが重要である。しかし外国語の学習環境では、それらを豊富に蓄えるには言語経験があまりにも貧弱である。学校の授業では、教科書に出てくるもの以外にはほとんど経験することができないからである。したがって、教科書や補助教材を最大限に活用するほかにない。学習者はそこに出てくる各種の表現を反復練習し、それらを自分のレパートリーの中に取り込んで自由に使えるようにしなくてはならない。そのようにして、学習者は自分で工夫して経験の不足を補うのである。言うまでもなく、生徒のそうした努力を援助するのが教師の役目である。

以上に述べたのは語やフレーズの学習の例であるが、音韻や統語のシステムを学習する場合についても、言語使用の創造性を発揮する前に、学習者はまずその言語の基本的な規則を素直に受け入れ、それらの規則が自動的に使えるようになるまで練習しなければならない。3単現の規則は学習者が勝手に無視したり変更したりすることのできない規則である。まずそれはそれとして素直に受け入れなければならない。そしてどんな時にもその規則を守ることができるように、それを自動化しなければならない。そのためには反復練習が必須である。その練習を他の人に代わってもらうわけにはいかない。学習者自身が自分の意志によってなさなければならない

第 7 章　コミュニケーション能力と音読

練習である。基礎的言語能力は、そのような学習者の意志と努力によってのみ得られる汗の結晶である。先生にお膳立てしてもらった料理をみんなでワイワイ言いながら楽しく食べれば、コミュニケーション能力が身につくというのは虫がよすぎる。その考え方は根本的に間違っている。

　そこで本書のテーマである音読の登場となる。音読は、コミュニケーション能力の中心をなす「基礎的言語能力」をつくるのに最も効果的な方法である。なぜそうなのか。賢明な読者の多くはすでにご理解くださったと思う。

10.　ま と め

　「実践的コミュニケーション能力の養成」というのがこれからの英語教育の目標であり、これは時代の要請でもある。本書もこの目標に異議を差しはさむものではない。しかし、わが国の英語学習が SLA ではなくて外国語環境における学習であること、英語教師の多くがコミュニケーションのための英語を学習したことがなく CLT をも経験していないこと、またクラスサイズが極端に大きく授業時間数も十分でないことなどの現実的条件を勘案するならば、先に掲げた目標を達成することは容易なことではない。それどころか、それらの諸条件が整備するまでは、ほとんど達成が不可能であると言ってよい。このままでは学校における英語教育は遅かれ早かれ破綻することになるであろう。

　ところで、英語によるコミュニケーション能力を養うためには、まず英語の音韻と統語の基本的システムを習得し、自分の意志を伝達するのに必要な基本的語彙および語彙チャンクを蓄積することが必須である。これらの基礎的言語能力なくしてコミュニケーションは成り立たないのである。そして、基礎的言語能力を養成する最良の方法は音読である。音読ならば英語教師は誰でも自分自身で経験しているはずであり、指導が可能なはずである。そして現在の学校教育のかなり劣悪な条件においても、十分に効果を上げることが可能である。

　音読が有効なのは、第 1 に、これがリハーサルを必要とするタスクだか

らである。リハーサルによって、言語の音韻・統語システムおよび語彙チャンクに関する知識を、単なる知識としてではなく、自動的に使用できる技能として発展させることができるのである。

　第2に、音読は学習者がひとりで行うことのできる活動であり、音を出す表出活動であるために、自分でも進歩が確認できるというメリットがある。学校の授業で発表の機会が与えられるならば、学習者は大いに音読に動機づけられるはずである。

　第3に、音読はスピーチなどのスピーキング活動に発展させることが容易である。日本のような外国語環境における英語学習では、英語によるアウトプット量がどうしても少なくなるので、スピーキング能力が極端に貧弱である。音読はこのような環境においてもスピーキングの基礎をつくる最良の方法である。日本人で英語の名人と言われる人の多くが音読の効用を認めているのは、まさにこのような理由によるのである。

引用検定教科書名一覧
（括弧内は出版社、検定年）

1章　*Sunshine English Course* 3（開隆堂、平成8）〈中学用〉

2章　*The New Age English* 1（研究社、平成9）〈高校用〉
　　　Phoenix I（開隆堂、平成9）〈高校用〉

3章　*Lighthouse English* 1（研究社、平成9）〈高校用〉

4章　*Sunshine English Course* 3（開隆堂、平成8）〈中学用〉
　　　Sunshine English Course I（開隆堂、平成9）〈高校用〉

5章　*Lighthouse English* 1（研究社、平成9）〈高校用〉

6章　*Unicorn English Course* I（文英堂、平成9）〈高校用〉
　　　Sunshine English Course 3（開隆堂、平成8）〈中学用〉

7章　*New Horizon English Course* 3（東京書籍、平成8）〈中学用〉

著者紹介
土屋澄男(つちや　すみお)
1930年生まれ。元文教大学教授、元財団法人語学教育研究所理事長。
専攻：英語教育学、第二言語習得研究。
著書：『英語指導の基礎技術』(大修館書店)、『教え方の評価』(開隆堂出版)、『新英語科教育法入門』(共著、研究社)、『あなたも英語をマスターできる』(茅ヶ崎出版)、ほか。
訳書：カレブ・ガテーニョ『赤ん坊の宇宙』(リーベル出版)、同『子どもの「学びパワー」を掘り起こせ──「学び」を優先する教育アプローチ』(茅ヶ崎出版)、J. B. ヒートン『コミュニカティブ・テスティング』(共訳、研究社)、ほか。

英語コミュニケーションの基礎を作る音読指導

2004年5月30日　初版発行
2012年5月25日　7刷発行

著　者　土屋澄男
発行者　関戸雅男
印刷所　研究社印刷株式会社

KENKYUSHA
〈検印省略〉

発行所　株式会社　研究社
http://www.kenkyusha.co.jp

〒102-8152
東京都千代田区富士見2-11-3
電話（編集）03 (3288) 7711(代)
　　（営業）03 (3288) 7777(代)
振替 00150-9-26710

表紙デザイン：吉崎克美
© Sumio Tsuchiya 2004
ISBN978-4-327-41062-9　C3082　Printed in Japan